# MANUEL PRATIQUE

DES

# RECEVEURS DES COMMUNES

ET DES

# ÉTABLISSEMENTS DE BIENFAISANCE.

# MANUEL PRATIQUE

## DES RECEVEURS DES COMMUNES

ET

## DES ÉTABLISSEMENTS DE BIENFAISANCE

OU

## NOMENCLATURE RAISONNÉE

DES PIÈCES JUSTIFICATIVES A PRODUIRE A L'APPUI DES COMPTES,
MISE AU COURANT DE LA LÉGISLATION,
DE LA JURISPRUDENCE,
ET DES INSTRUCTIONS ADMINISTRATIVES LES PLUS RÉCENTES,

SUIVI

De la loi du 24 juillet 1867 sur l'administration municipale; d'annexes contenant les règles à suivre pour les traitements; de tableaux présentant les formalités auxquelles est soumis le vote des impositions communales; de décomptes, depuis un jour jusqu'à trente, des traitements et des retenues pour le service des pensions civiles et pour oppositions.



PAR M. CH. DEBUCHY,
COMMIS PRINCIPAL AU MINISTÈRE DE L'INTÉRIEUR,
Chevalier de la Légion d'honneur.

PARIS,
IMPRIMERIE ADMINISTRATIVE DE G. JOUSSET, CLET ET C^ie,
8, rue de Furstenberg.

1875.

# AVERTISSEMENT.

Notre but, en publiant ce *Manuel*, a été de réunir dans un même cadre des notions abrégées, mais suffisantes, sur toutes les pièces justificatives à produire à l'appui des comptes des receveurs des communes et des établissements de bienfaisance.

Cet ouvrage contient un exposé élémentaire des dispositions qui régissent les recettes et les dépenses communales et hospitalières, ainsi que de la jurisprudence qui en a réglé l'application. On a indiqué à la suite de chaque pièce justificative à produire à l'appui d'une opération, l'indication de la forme dans laquelle elle doit être établie, les conditions qu'elle doit remplir, la mention de son assujettissement au timbre ou de son exemption, les extraits des articles de l'instruction générale qui la concernent, enfin les modifications survenues depuis 1859 dans les dispositions de ces articles.

Tel qu'il est conçu, notre Manuel n'est pas nécessaire seulement aux receveurs des communes et des établissements de bienfaisance, il l'est aussi aux fonctionnaires chargés de liquider et d'ordonnancer les dépenses, aux agents qui les acquittent, à ceux ayant mission d'inspecter les comptables et aux juges des comptes.

Ce résumé n'a point un caractère officiel, mais à chaque article on a cité la loi, le décret, l'ordonnance et les instructions auxquels on peut se reporter au besoin.

C. D.

## EXPLICATION DES ABRÉVIATIONS.

| | | |
|---|---|---|
| L. | signifie | Loi. |
| D. | — | Décret. |
| O. | — | Ordonnance. |
| A. | — | Arrêté. |
| I. | — | Instruction. |
| I. G. | — | Instruction Générale. |
| C. | — | Circulaire. |
| C. C. P. | — | Circulaire de la Comptabilité Publique. |
| C. Int. | — | Circulaire du Ministre de l'Intérieur. |
| Déc. | — | Décision. |
| Av. | — | Avis. |
| Art. | — | Article. |
| Mod. | — | Modèle. |
| (T). | — | Timbre. |

**Voir page 137 les rectifications survenues en cours d'impression.**

# MANUEL PRATIQUE

DES

# RECEVEURS DES COMMUNES

ET DES

# ÉTABLISSEMENTS DE BIENFAISANCE.

## Des Budgets.

Le budget est un tableau présentant les recettes et les dépenses de toute espèce, qui sont présumées devoir se réaliser pendant le cours de l'exercice. Les articles 484, 485 et 486 du décret du 31 mai 1862 ont déterminé quelles sont les recettes et les dépenses ordinaires et extraordinaires des communes. Définition.

L'exercice est la période de temps légalement fixée pour l'exécution des services.

L'exercice commence le 1er janvier et finit le 31 décembre. Il est accordé pour compléter les opérations de liquidation, de mandatement et de payement un délai qui est fixé au 31 mars de la seconde année. A cette époque, l'exercice est clos définitivement.

Les communes dressent deux budgets pour le service de chaque exercice, l'un *primitif* ou principal, l'autre *supplémentaire* ou additionnel.

Le budget *primitif*, proposé par le Maire, délibéré par le Conseil municipal et voté article par article, est définitivement réglé par arrêté du Préfet. Toutefois, pour les villes dont les revenus Budget primitif.

sont de cent mille francs, le budget est réglé par un décret lorsqu'il présente des impositions extraordinaires proprement dites, mais seulement pour l'exercice qui donne lieu à la demande de ces impositions.

Les budgets des villes et des établissements de bienfaisance ayant trois millions au moins de revenus sont soumis à l'approbation du Chef de l'État, sur la proposition du Ministre de l'intérieur (L. du 24 juillet 1867, art. 15).

Le revenu d'une commune est réputé atteindre cent mille francs lorsque les recettes ordinaires, portées dans la colonne des droits constatés, se sont élevées à cette somme pendant les trois derniers exercices (Jurisprudence de la Cour des comptes). Il n'est réputé être descendu au-dessous de cent mille francs que lorsque, pendant les trois derniers exercices, les recettes ordinaires sont restées inférieures à cette somme (D. du 31 mai 1862).

Lorsque le budget communal pourvoit à toutes les dépenses obligatoires et qu'il n'applique aucune recette extraordinaire aux dépenses, soit obligatoires, soit facultatives, les allocations portées audit budget par le Conseil municipal, pour les dépenses facultatives, ne peuvent être ni changées ni modifiées par l'arrêté du Préfet ou par le décret qui règle le budget (L. du 24 juillet 1867, art. 2).

Les dépenses proposées au budget d'une commune peuvent être rejetées ou réduites par l'autorité qui règle ce budget, mais elles ne peuvent être augmentées par cette autorité qu'autant qu'elles sont obligatoires et que le Conseil municipal a été mis en demeure de les voter (1).

Formation du Budget.

Les propositions du Maire, les votes du Conseil municipal, l'avis du Sous-Préfet et la décision de l'autorité qui règle le budget doivent être inscrits dans des colonnes distinctes. On doit également inscrire, dans une colonne spéciale, le chiffre de la recette ou de la dépense correspondante constatée au dernier compte. Chaque article du budget, tant en recette qu'en dépense, reçoit un numéro d'ordre. Les sommes portées au budget doivent être

(1) L'autorité qui règle le budget doit, en cas de refus du Conseil municipal, modifier le budget par un acte spécial que le Receveur doit se faire représenter, afin d'éviter toute responsabilité dans le cas où cette formalité aurait été omise (Jurisprudence de la Cour des comptes).

totalisées par chapitre et récapitulées par titres. Le budget se termine par une récapitulation générale.

Les budgets doivent être votés et réglés avant l'ouverture de l'exercice auquel ils appartiennent.

Budget additionnel.

Le budget *additionnel* est voté dans le courant de l'année lorsque les résultats de l'exercice clos sont connus. Les recettes et les dépenses relatives aux restes à recouvrer et aux restes à payer constatées lors de la clôture des exercices, ainsi que les recettes et les dépenses nouvelles autorisées dans le courant d'un exercice, donnent lieu à des chapitres additionnels au budget, chapitres qu'on désigne sous le nom de budget supplémentaire.

Le budget supplémentaire est dressé par le Maire, soumis aux délibérations du Conseil municipal, voté article par article dans la session de mai, mais dans l'année même de l'exercice, c'est-à-dire un an après le vote du budget primitif.

## Des Crédits.

Définition.

On nomme crédit une somme allouée par l'autorité compétente pour un usage déterminé.

Les crédits en vertu desquels les dépenses des communes et des établissements de bienfaisance doivent être acquittés sont ouverts dans les budgets ou par des décisions spéciales de l'autorité qui règle ces budgets.

La règle de la spécialité de crédits est applicable à la comptabilité communale. Tout virement de crédit doit être autorisé par le Conseil municipal et par les autorités chargées de régler le budget additionnel (I. G. art. 982).

Crédits supplémentaires.

Lorsque, dans le cours d'un exercice, les crédits ouverts au budget sont reconnus insuffisants, ou lorsqu'il doit être pourvu à des dépenses non prévues lors de la formation du budget, les crédits supplémentaires doivent être ouverts par des décisions spéciales (I. G. art. 983).

Vote du Conseil municipal.

Les crédits qui pourraient être reconnus nécessaires après le règlement du budget sont délibérés par le Conseil municipal et autorisés par le Préfet (Art. 491 du décret du 31 mai 1862). Pour les communes ayant trois millions de revenus, les crédits votés par le Conseil municipal, après règlement du budget primitif, sont autorisés par le Ministre. Toutefois, dans ces mêmes communes, les crédits supplémentaires pour dépenses urgentes peuvent être approuvés par le Préfet (L. du 24 juillet 1867).

Emploi des crédits. Les crédits ouverts par le budget d'une année ne peuvent être affectés qu'à des dépenses effectuées dans l'année même, c'est-à-dire du 1er janvier au 31 décembre. Les crédits ou portions de crédits qui n'ont point reçu leur emploi à la clôture de l'exercice sont annulés ou reportés, comme restes à payer, à l'exercice suivant.

Pièces à produire. Lorsqu'un crédit est ouvert par délibération spéciale, le mandat de payement doit être appuyé d'une expédition régulière de la délibération du Conseil municipal qui a voté le crédit et de l'arrêté préfectoral d'approbation.

Crédits ouverts pour dépenses prévues. L'ouverture d'un crédit ne donne aucun droit aux parties, elles doivent, pour obtenir payement, justifier de la réalité et de la liquidation de la dette, et produire en outre toutes les autres pièces voulues par les règlements (C. Int. du 5 mai 1852).

## Des Comptes.

Objet du compte. Le compte a pour objet de présenter dans un document unique, avec les distinctions nécessaires de gestion, d'exercice et de services :

1° Toutes les opérations de recette et de dépense effectuées par le comptable du 1er janvier au 31 décembre, et la situation du comptable en fin de gestion;

2° Les opérations complémentaires de l'exercice (trois premiers mois de l'année suivante), ainsi que la situation du même exercice à l'expiration de sa période d'exécution (31 mars de la deuxième année).

Division du compte. Le compte se divise en deux parties :

La première partie comprend les recettes et les dépenses effectuées du 1er janvier au 31 mars sur l'exercice qui achève sa période d'exécution. Ces opérations, détaillées et justifiées au compte précédent, sont reprises au compte suivant pour leurs totaux seulement, à l'effet d'établir la situation du comptable en fin de gestion.

La deuxième partie comprend les recettes et les dépenses de l'exercice qui a commencé le 1er janvier de l'année, pour laquelle le compte est rendu, et doit présenter distinctement les opérations effectuées pendant les douze premiers mois de l'exercice (du 1er janvier au 31 décembre), et celles qui ont été faites pendant la période complémentaire (du 1er janvier au 31 mars de la deuxième année) (Décret du 27 janvier 1866).

Les recettes et les dépenses des services exécutés en dehors des budgets, du 1er janvier au 31 décembre, sont également comprises dans la deuxième partie du compte de gestion.

Forme des comptes.

Divers modèles des formules de comptes sont joints aux circulaires de la comptabilité publique des 30 janvier et 1er mars 1866, suivant que le comptable est resté en fonction ou sorti de fonction dans le cours de l'année.

Les comptes sont dressés en quadruple expédition. La minute qui reste entre les mains du comptable est seule soumise *à la formalité du timbre*, dont le coût est à la charge des communes et des établissements.

Les comptes doivent être affirmés sincères et véritables tant en recette qu'en dépense, sous les peines de droit, et être datés et signés par le comptable ou ses ayants cause. Ils doivent, en outre, être paraphés sur chaque feuillet et ne pas contenir d'interligne; les renvois et les râtures doivent être approuvés et signés par le comptable.

Examen préparatoire des comptes des receveurs des finances.

Les comptes communaux et hospitaliers, préalablement à leur présentation aux Conseils municipaux et aux commissions administratives, sont d'abord vérifiés et certifiés exacts par les receveurs des finances avant la session de mai des Conseils municipaux (1); ils sont ensuite, avant leur présentation aux juges, vérifiés sur pièces d'une manière approfondie par lesdits receveurs (D. du 27 janvier 1866).

Pour attester aux juges des comptes l'accomplissement de ces prescriptions formelles, l'expédition du compte qui leur est adressée doit être revêtue du visa du receveur des finances, et contenir l'indication du résultat de son examen. Dans le cas où cet examen n'a donné lieu à aucune observation, le receveur doit en *faire la déclaration expresse*. Dans le cas contraire, les observations doivent être

(1) Les comptes des établissements généraux de bienfaisance placés sous l'autorité immédiate du Ministre de l'intérieur ne sont pas soumis à la vérification des receveurs des finances. Il en est de même des comptes de la ville et de l'assistance publique de Paris.

inscrites sur le deuxième recto de la feuille servant de couverture au compte avec les réponses du comptable (Jurisprudence de la Cour des comptes).

Lorsqu'un compte est présenté par une personne autre que le receveur ou le préposé que l'administration aurait commis d'office à sa reddition, dans les cas prévus par l'article 1336 de l'instruction générale, le signataire du compte doit justifier de la procuration spéciale, *enregistrée*, à lui donnée par le receveur, et, si celui-ci est décédé ou hors d'état de donner procuration, par ses héritiers ou ayants cause, lesquels ont eux-mêmes à justifier de leur qualité. Le commis d'office est tenu de produire sa commission ou une copie de cet acte dûment certifiée (I. G. art. 1530).

Déclaration relative au cautionnement et aux inscriptions hypothécaires. Renouvellement de ces inscriptions.

Les comptes des receveurs spéciaux des établissements de bienfaisance doivent être appuyés d'une déclaration (modèle n° 5) signée du comptable, certifiée par le receveur des finances, et désignant la nature de son cautionnement, l'époque de sa réalisation, et s'il s'agit d'un cautionnement en immeubles, la date des inscriptions hypothécaires prises au nom de l'établissement (C. C. P. du 30 janvier 1866, § 6).

Les inscriptions qui ont plus de neuf ans de date au moment de l'établissement du compte doivent être renouvelées immédiatement (Art. 2154 du Code civil).

Numérotage des articles du compte.

Les articles du compte doivent porter, dans la colonne 1, une *série unique* de numéros qui commence au premier article de la recette et continue, sans interruption, jusqu'au dernier article de la dépense des services hors budget.

Chaque pièce justificative doit être revêtue du numéro d'ordre de l'article du compte auquel elle se rapporte (I. G. art. 1542).

Il doit être établi, pour la recette comme pour la dépense, une fiche sur laquelle sont récapitulées et totalisées les pièces justificatives.

Les réductions de titres doivent être indiquées sur le compte de gestion dans la colonne d'observation qui présentera, en regard de l'article, le montant brut des titres, les réductions à opérer et la somme nette à recouvrer portée dans la colonne 5 (C. C. P. du 30 janvier 1866, § 7, n° 5).

Ces réductions de titres doivent être également mentionnées sur la fiche récapitulative et appuyées des délibérations du Conseil municipal ou de la commission administrative, ou des autres pièces qui les autorisent (I. G. art. 1537, § 3).

Les comptes doivent être copiés littéralement sur les budgets; c'est-à-dire reproduire exactement dans les colonnes 2, 3 et 4, pour chaque article de la recette, le numéro, l'intitulé et la fixation admise par le Préfet. Les autorisations spéciales de recette sont inscrites dans les colonnes 3 et 4, à la suite des prévisions budgétaires, suivant l'ordre des numéros donnés par le Préfet à ces autorisations ou suivant l'ordre des dates.

Pour chaque article de la dépense, les colonnes 2, 3 et 4 doivent reproduire le numéro, l'intitulé et le crédit fixé par le Préfet ou par l'autorité chargée d'approuver les budgets. Les autorisations spéciales de dépense doivent être portées à la suite des budgets, dans les colonnes 3 et 4, suivant l'ordre des numéros ou des dates de ces autorisations (C. C. P. du 30 janvier 1866, § 7, n° 2).

Lorsque des crédits se rapportant à une même dépense sont ouverts à la fois par le budget primitif, le budget supplémentaire ou des autorisations spéciales, les crédits sont réunis dans la colonne d'observations, en regard du crédit primitif (C. C. P. du 30 janvier 1866, § 7, n° 7).

Mutations de comptables.

Chaque comptable n'est responsable que de sa gestion personnelle. En cas de mutation, le compte de l'année est divisé suivant la durée de la gestion des différents titulaires, et chacun d'eux rend séparément le compte des opérations qui le concernent (D. du 31 mai 1862, art. 24).

Gérants intérimaires.

Les gérants intérimaires sont tenus de rendre un compte spécial de leurs opérations, à moins que, par exception et pour une gestion de très-courte durée, l'administration centrale (1) n'ait décidé, avec l'assentiment des parties intéressées, qu'elles seraient rattachées à celles de l'ancien ou du nouveau titulaire (Art. 1330 Instr. générale).

Dans ce dernier cas, le compte du titulaire mentionne le fait de la jonction des gestions, ainsi que la décision qui l'a autorisée, afin que l'intérimaire se trouve implicitement déchargé de toute responsabilité. On ne peut, dans aucun cas, comprendre les opérations d'un titulaire dans le compte que rend un intérimaire, ni

(1) Dans plusieurs circonstances les Préfets, représentant dans leur département l'autorité centrale, ont accordé ces autorisations sur l'avis du trésorier payeur général.

celles d'un receveur titulaire dans le compte d'un autre titulaire (Jurisprudence de la Cour des comptes).

Réunion aux places de percepteurs des fonctions de receveurs des communes.

Lorsque les percepteurs remplissent les fonctions de receveur municipal des communes de leur circonscription, le service doit, en cas de vacance d'une recette municipale spéciale, leur être immédiatement remis, sans qu'il y ait lieu de réclamer l'intervention de l'autorité administrative (I. G. art. 1217).

Pour les modifications à introduire dans les formules de comptes de gestion, lorsqu'il s'agit de receveurs de communes ou d'établissements de bienfaisance remplacés, installés ou intérimaires, il y a lieu de consulter la circulaire de la comptabilité publique du 1er mars 1866, annexe n° 3.

Obligations des receveurs entrant en fonctions

Les receveurs justiciables de la Cour des comptes doivent, aussitôt après leur installation et sans attendre la présentation de leur premier compte, adresser au Procureur général des copies, certifiées par le Maire et visées par le Préfet ou le Sous-Préfet, de l'arrêté ou du décret de leur nomination, du certificat d'inscription de leur cautionnement, de l'acte de prestation de leur serment et du procès-verbal de leur installation (I. G. art. 1552).

Productions à faire par les comptables sortis de fonctions.

Les comptables sortis de fonctions qui veulent obtenir, par l'arrêt à intervenir sur leur dernier compte, leur quitus, et, par suite, le remboursement de leur cautionnement, doivent produire : 1° Une déclaration de leur successeur constatant qu'il consent à demeurer chargé de la suite des recettes et des dépenses ainsi que du reliquat qui lui a été versé; 2° Un certificat du Maire de la commune ou des administrateurs de l'établissement constatant qu'ils n'ont pas de reprises à exercer contre lui, notamment à l'égard des obligations que lui impose l'article 1er de l'arrêté du Gouvernement du 19 vendémiaire an XII, concernant la conservation des biens des communes ou des établissements et les poursuites à exercer pour la perception des revenus.

Si le comptable n'a été remplacé que dans l'année qui suit celle dont il rend compte, et s'il allègue n'avoir fait aucune opération de recette ni de dépense entre la clôture de son compte et la date de son remplacement, il doit produire, indépendamment des pièces mentionnées ci-dessus, un certificat négatif des autorités locales, visé par le Préfet, et un semblable certificat du receveur des finances de l'arrondissement, visé par le trésorier payeur général

(I. G. art. 1553). Ces pièces ne sont nécessaires qu'autant que le receveur est en même temps percepteur.

Changements de juridiction.

La Cour des comptes juge les comptes des communes et des établissements de bienfaisance lorsque leurs revenus sont au-dessus de 30,000 francs. Quand ils sont de 30,000 francs et au-dessous, le jugement des comptes appartient aux Conseils de préfecture (Art. 528 du décret du 31 mai 1862). L'appréciation des revenus ou recettes ordinaires se fait d'après les droits constatés et non d'après les recettes effectuées (Jurisprudence de la Cour des comptes).

Lorsque, en exécution des articles 33 et 66 de la loi du 18 juillet 1837, un comptable passe de la juridiction du Conseil de préfecture sous celle de la Cour des comptes, le Préfet transmet au Procureur général de la Cour l'arrêté par lequel il a dessaisi le Conseil de préfecture ainsi que les trois derniers comptes jugés par ce Conseil et l'arrêté du Conseil réglant définitivement le dernier de ces comptes.

## Pièces principales.

Pour que le compte d'un receveur de commune ou d'établissement de bienfaisance soit en état d'examen, il faut qu'après avoir été revêtu des formalités indiquées plus haut, il soit accompagné des pièces suivantes :

Indication des pièces.

1° Une expédition du budget primitif et du budget supplémentaire certifiée par le Maire ou par le président de la commission administrative, et appuyée des décrets, décisions ou arrêtés approbatifs desdits budgets;

2° Un tableau des autorisations spéciales de recette et de dépense;

3° Une copie certifiée du compte administratif avec mention dûment certifiée de l'approbation préfectorale;

4° Une copie de la délibération du Conseil municipal ou de la commission administrative statuant *distinctement* sur les opérations de la gestion et sur celles de l'exercice, comprenant non-seulement les services budgétaires, mais aussi les opérations effectuées en dehors des budgets (Modèle n° 6 de la circulaire du 30 janvier 1866).

S'il s'agit d'un compte d'hospice ou d'établissement de bienfaisance communal, la délibération de la commission administrative doit être accompagnée de la délibération prise par le Conseil municipal ;

5° L'état des propriétés, rentes et créances appartenant à la commune ou à l'établissement, et *l'état annexe* (Mod. n° 223 *bis*) destiné à présenter et à expliquer les différences survenues, d'un exercice à l'autre, dans le chiffre des différents produits ;

Aux termes de l'article 519 du décret du 31 mai 1862, l'état des propriétés (Mod. 223) doit faire connaître les propriétés foncières productives ou non productives de revenus ainsi que des rentes et des créances qui composent l'actif des communes ou établissements. Cet état doit indiquer la nature des titres, leur date et celle des inscriptions hypothécaires prises pour leur conservation, et s'il y a des procédures entamées, la situation où elles se trouvent ; il doit donner des renseignements concernant les baux, les titres de créances, les constitutions de rentes sur particuliers et les inscriptions de rentes sur l'État. Cet état, certifié conforme par le receveur, doit être visé par le Maire, qui y joint des observations s'il y a lieu.

Les inscriptions hypothécaires garantissant les baux, rentes dues par les particuliers, etc., ayant plus de neuf ans de date au moment de l'établissement du compte, doivent être renouvelées immédiatement (Art. 2154 du Code civil). Des titres nouvels doivent être pris pour les titres de propriétés et de rentes des communes et établissements de bienfaisance après chaque période de 28 ans, attendu qu'aux termes de l'article 2263 du Code civil après 28 ans de la date du dernier titre le débiteur d'une rente peut être contraint de fournir, à ses frais, un titre nouvel à son créancier ou à ses ayants cause ;

6° Le procès-verbal de situation de caisse au 31 décembre, revêtu du visa du Maire et de la signature d'un membre du Conseil municipal (Art. 1519) ;

7° Une copie du bordereau de situation sommaire dressé à la même époque ; *pour les receveurs spéciaux*, une copie de la balance du grand-livre ;

Quand la gestion a cessé dans le courant de l'année, on remplace le bordereau de situation ou la balance, ainsi que le procès-verbal de situation de caisse, par une copie de la première partie du procès-verbal de remise de service ;

8° L'état annexe à ce bordereau présentant, par commune et établissement, le développement des comptes relatifs aux services hors budget (*pièce particulière aux receveurs percepteurs*) (C. C. P. du 30 janv. 1866);

9° Un état du passif comprenant non-seulement la situation des emprunts, mais encore les dettes résultant des acquisitions de propriétés ou indemnités de voirie, et les engagements à terme de toute nature, de manière à faire ressortir le montant total de la dette de la commune ou de l'établissement (C. C. P. du 15 novembre 1869, § 6);

10° L'état sommaire des travaux et entreprises embrassant plusieurs années, pour les établissements de bienfaisance et les communes dont les revenus dépassent 100,000 francs (C. C. P. du 19 août 1864);

11° Un inventaire des pièces générales.

Toutes les pièces principales, qui sont évidemment des pièces d'ordre et d'administration générale destinées à compléter les justifications du compte et faciliter les vérifications de l'autorité qui doit le juger ne sont pas sujettes au timbre.

Leur non-production rend les comptables passibles des mêmes amendes que celles édictées par l'article 68 de la loi du 18 juillet 1837 contre les receveurs en retard de produire leurs comptes dans les délais prescrits (Jurisprudence de la Cour des comptes).

## Dispositions spéciales à toutes pièces justificatives.

Grattages et surcharges.

Aucune pièce justificative ne doit être grattée ni surchargée dans son libellé. Lorsqu'il y a lieu d'opérer sur ces pièces une rectification, la somme, le texte ou la partie du texte à corriger sont biffés au moyen d'un trait de plume et remplacés par la nouvelle énonciation approuvée par le liquidateur. Cette approbation est donnée au moyen de renvois.

Acquit des mandats par les créanciers réels.

Les comptables doivent prendre toutes les précautions nécessaires pour n'acquitter les mandats qu'entre les mains des créanciers véritables ou de leurs ayants cause, soit en faisant signer en leur présence, soit en exigeant la justification des signatures qui ne leur seraient pas suffisamment connues. Ils doivent aussi, en cas de râture ou de surcharge dans la partie manuscrite d'un mandat, exiger la régularisation par le signataire.

Dates des mandats et quitances.

La date de la quittance doit toujours être mise sur les pièces de dépense par la partie prenante elle-même. Si la partie est illettrée, le comptable qui acquitte la dépense doit remplir la date du payement (C. C. P. du 21 janvier 1867, § 4).

Quittance de personnes ne pouvant signer; quittance notariée.

Lorsque les parties prenantes sont illettrées et que la somme à payer ne dépasse pas 150 francs, les comptables qui font le payement sont tenus de faire certifier par deux témoins la déclaration du porteur du mandat et le fait du payement et d'apposer, à côté de ce certificat, *leur propre signature*. Si la somme excède 150 fr. la quittance doit être donnée en présence d'un notaire, cette quittance *timbrée* est *enregistrée gratis*. Les frais des quittances notariées sont à la charge des personnes qui les rendent nécessaires.

Interdiction des signatures au moyen d'une griffe.

Deux circulaires du Ministre de l'intérieur en date des 6 juillet et 1er août 1843 ont engagé les Préfets à faire connaître aux Maires qu'ils doivent signer à la main toutes les pièces de comptabilité soumises à leur certification, et ont interdit d'une manière formelle l'usage suivi par les Maires, dans certaines localités, de signer au moyen d'une griffe.

# NOMENCLATURE

## DES OPÉRATIONS DE RECETTE ET DE DÉPENSE ET TABLEAU DES PIÈCES JUSTIFICATIVES Y RELATIVES.

La nomenclature ci-après indique les justifications qui doivent accompagner chaque nature de recette et de dépense suivant sa spécialité. On a suivi l'ordre indiqué dans les tableaux annexés à l'article 1542 de l'instruction générale du 20 juin 1859, et l'on y a ajouté à la suite du texte officiel, les principales règles concernant les recettes et les dépenses, en les complétant tant par des développements ou des additions indiquées par un astérisque, que par les modifications qui résultent de lois, de décrets ou d'instructions postérieures à l'instruction générale du 20 juin 1859 et indiquées par deux astérisques.

Cette nomenclature, bien plus étendue que celle de l'Instruction générale, n'a pu cependant prévoir tous les cas possibles; mais les opérations non prévues dans le tableau ci-après doivent être justifiées d'après les mêmes règles que celles avec lesquelles elles ont le plus d'analogie.

Les comptables peuvent, d'ailleurs, en cas de difficultés, consulter le receveur des finances qui s'en réfère, suivant la nature de la question à résoudre, soit au Préfet, soit au trésorier payeur général, sauf à ceux-ci à soumettre, s'il y a lieu, la question au Ministre des finances (Art. 1319 et 1367). Toutefois, la responsabilité des receveurs municipaux et hospitaliers n'est pas dégagée par cette consultation, et les juges des comptes peuvent, s'ils ne partagent pas les avis des fonctionnaires supérieurs ci-dessus indiqués, mettre à la charge de leurs justiciables directs, par des forcements de recette ou des rejets de dépense, les opérations qu'ils ont considérées comme irrégulières (Jurisprudence de la Cour des comptes).

## SERVICE DES COMMUNES.

### RECETTES ORDINAIRES.

§ 1er. **Centimes additionnels ordinaires ajoutés aux contributions directes, et attributions sur la contribution des patentes** (Art. 13 à 17 et 120 de l'Instruction générale).

Les recettes de ces produits se justifient dans les comptes du receveur par :

Un extrait des rôles, certifié par le receveur des finances ou par le percepteur, quand il n'est pas receveur municipal, et visé par le Maire.

**Attributions sur la contribution des chevaux et voitures.**

Un extrait des rôles appuyé des bulletins d'attributions aux communes pour remboursements.

Les centimes ordinaires sont les cinq centimes additionnels au principal de la contribution foncière et de la contribution personnelle et mobilière attribués aux communes par la loi du 11 frimaire an VII et par la loi de finances du 15 mai 1818.

La portion de l'impôt des patentes consiste dans les huit centimes par franc que, d'après l'article 32 de la loi du 25 avril 1844, les communes touchent sur le montant des rôles.

Les règles relatives au recouvrement des centimes communaux sont établies par les articles 13 à 17 et 120 de l'instruction générale du 20 juin 1859 et les articles 3, 5, 7 de la loi du 24 juillet 1867.

** Les attributions sur la contribution des chevaux et des voitures doivent figurer pour le *net* seulement dans les comptes de gestion des receveurs (C. C. P. du 15 mai 1863). L'attribution aux communes que la loi du 2 juillet 1862 avait fixée au dixième du principal a été réduite au vingtième par l'article 10 de la loi du 23 juillet 1872.

** La circulaire du Ministre de l'intérieur du 27 août 1867 détermine les attributions des Conseils municipaux en matière d'impositions, et le tableau ci-annexé (*annexe n° 2*) extrait du bulletin du Ministère de l'intérieur, année 1867, page 403, indique les formalités auxquelles sont soumis le vote des diverses impositions communales.

* Aux termes des articles 16 de la loi du 13 brumaire an VII, 844 de l'Instruction générale, et 20 de la loi du 23 août 1871, la pièce

justificative étant un extrait délivré par un fonctionnaire public à un fonctionnaire public est exempte du timbre.

(Voir, pour les impositions extraordinaires, le § 29.)

### § 2. Portion revenant à la commune sur les droits de permis de chasse (Art. 591, 913 et 914.)

Un état détaillé des droits perçus, certifié par le percepteur et visé par le Maire.

* Cette recette consiste en un droit fixe de dix francs que les individus auxquels des permis de chasse sont accordés doivent payer au profit de la commune dans laquelle ils ont leur résidence ou leur domicile.

Ce droit de dix francs est recouvré par le percepteur en même temps que le droit dû au Trésor.

La pièce justificative établissant cette recette est considérée comme étant de simple administration et, à ce titre, exempte de timbre.

### § 3. Amendes pour divers délits (Art. 627 à 629 et 929 à 938).

Pour les amendes de police rurale et municipale, un état, certifié par le Préfet, des amendes dont le produit a dû être versé au receveur municipal par le receveur de l'enregistrement, ou la copie, certifiée par le Maire, du mandat délivré au nom du receveur municipal, ou, enfin, l'avis indiquant le montant des amendes à percevoir.

Pour les amendes de police correctionnelle et de grande voirie, un extrait de l'état de distribution, certifié par le Préfet.

Pour les amendes et confiscations relatives à l'octroi (Voir les indications du § 39).

Le mode de recouvrement des amendes sur lesquelles les communes ont une attribution est indiqué par les articles 929 à 938 de l'Instruction générale.

* A la nomenclature de ces amendes dont la recette se justifie de la même manière on peut joindre :

*Les amendes pour délits de chasse;*

*Les attributions et dommages pour délits forestiers.*

Les pièces justificatives ne sont pas assujetties au timbre.

### § 4. Prix de ferme des maisons, usines et biens ruraux et location des droits de chasse et de pêche (Art. 854 à 858).

Des copies ou extraits, non timbrés, des baux, pour les prix de ferme dont il est compté pour la première fois, et des baux renouvelés pendant l'année, et, s'il y a lieu, la justification de la réalisation des cautionnements prévus par le cahier des charges. A l'expiration des baux, les expéditions elles-mêmes (T).

Pour les *propriétés indivises* entre plusieurs communes, les pièces justificatives doivent être produites par le comptable centralisateur. Quant à chacune des autres communes, il doit être produit un certificat du Maire indiquant la date du titre, la somme totale à recouvrer et la part revenant à la commune.

** Les Conseils municipaux règlent par leurs délibérations les conditions des baux à loyer des maisons et bâtiments appartenant à la commune, pourvu que la durée du bail ne dépasse pas 18 ans. (L. du 24 juillet 1867, art. 1er).

** Tout acte de bail passé par le Maire doit, pour devenir exécutoire, être revêtu de l'approbation du Préfet.

** Quant aux baux de biens pris à loyer par les communes, le Préfet doit approuver les délibérations prises par les Conseils municipaux à ce sujet (C. du 3 août 1867).

La mise à ferme des biens ruraux communaux est faite sous les clauses et conditions insérées dans un cahier des charges dressé par les Maires et homologué par les Préfets sur l'avis des Sous-Préfets. Le cahier des charges détermine le mode et les conditions du payement à faire par l'adjudicataire ainsi que les garanties que celui-ci doit fournir. Après que les publications nécessaires ont été faites, il est procédé à l'adjudication par le Maire de la commune assisté de deux membres du Conseil municipal et en présence du receveur. L'adjudication n'est définitive qu'après l'approbation du Préfet (V. art. 854 à 858).

Le prix de ferme des maisons, usines et biens ruraux se justifie :

* *Lorsqu'il est compté pour la première fois*, par la production d'une copie sur papier libre certifiée conforme, mentionnant l'enregistrement du bail si le receveur avait besoin de conserver le titre, soit parce que les termes stipulés pour le payement devraient se prolonger un certain nombre d'années, soit parce que la recette n'aurait pas été complétement terminée.

* *A l'expiration du bail* par la production de l'expédition du titre dûment timbrée et enregistrée.

* Pour la justification des cautionnements à fournir par les adjudicataires, on doit produire la déclaration du receveur des finances constatant le versement.

§ 5. **Produits des établissements d'eaux minérales** (Art. 859).

Si l'établissement *est affermé*, copie (T) du bail.
Si l'établissement est en régie simple, arrêté du Préfet qui autorise la régie; copie du compte du régisseur comptable faisant ressortir le produit net revenant à la commune.

Les produits des établissements d'eaux minérales que possèdent les communes ne sont pas confondus avec les autres revenus des communes; ils sont spécialement employés aux dépenses ordinaires et extraordinaires desdits établissements, sauf les excédants disponibles après qu'il a été satisfait à ces dépenses (Art. 859).

§ 6. **Rentes foncières dues par des particuliers** (Art 860).

Des copies ou extraits des titres de rentes dont il est compté pour la première fois.

* Le revenu qui résulte, pour les communes, des rentes foncières dues par les particuliers, est établi par des titres constitutifs qui engagent les particuliers envers les communes (Art. 860).

La demande en renouvellement des titres de rentes sur particuliers doit être faite par les receveurs; si des poursuites devenaient nécessaires après une mise en demeure par huissier, elles devraient être intentées par le Maire (Voir, au sujet des prescriptions de titres de rentes sur particuliers, les observations concernant l'état de l'actif page 10).

Pour les rentes sur particuliers qui figureraient pour la première fois dans l'actif de la commune, il y a lieu de produire une copie du titre constitutif, qui peut être sur papier libre.

§ 7. **Rentes sur l'État** (Art. 861).

Certificat du Maire indiquant la date et le montant des inscriptions nouvelles.

* Les placements en rentes sur l'État s'opèrent en vertu d'une délibération du Conseil municipal, approuvée par le Préfet. Les capitaux disponibles sont versés au trésorier payeur général, qui doit faire faire immédiatement l'achat des rentes au profit des communes et en remettre les inscriptions au receveur municipal (Art. 861).

** D'après la circulaire de la comptabilité publique du 26 janvier 1863, § 4, il y a lieu d'imputer, dans la comptabilité communale et hospitalière, le trimestre de rentes 3 p. 100 à l'échéance du 1er janvier, à l'exercice qui prend sa désignation de l'année pendant laquelle les produits sont acquis aux communes et établissements.

§ 9. **Droits d'octroi, produit brut** (Art. 915 à 920 et 936 à 938).

Si le receveur compte pour la première fois de droits d'octroi, il doit produire le décret qui autorise l'octroi et qui fixe le tarif. Il produit ensuite, chaque année, les pièces indiquées ci-après, savoir :

Pour l'octroi en régie simple, 1° le bordereau récapitulatif (modèle Q), arrêté à la fin de l'année par le directeur des contributions indirectes et accompagné d'un relevé sommaire par bureau de perception, que l'agent chargé du contrôle administratif doit former et remettre au receveur municipal pour les recettes constatées par les états que cet agent reçoit chaque mois des receveurs d'octroi ; 2° un bordereau formé par le receveur municipal, certifié par le Maire, et présentant le montant, par bureau de perception, des bulletins de versements faits à la caisse du comptable (Circulaire du 31 janvier 1828).

Pour l'octroi en régie intéressée, les mêmes pièces, auxquelles sont ajoutés : 1° avec le premier compte, la copie, non timbrée, du bail ou traité ; 2° à la fin de chaque année, le compte provisoire des bénéfices partagés avec le régisseur ; 3° en fin de bail, le compte définitif de ces bénéfices et l'expédition (T) du bail.

Pour l'octroi en ferme, avec le premier compte, une copie, non timbrée du bail, et, en fin de bail, l'expédition (T).

Pour l'octroi perçu par abonnement avec la régie des contributions indirectes, 1° avec le premier compte, l'acte d'abonnement et la convention faite avec la régie pour les traitements fixes ou éventuels des préposés ; 2° les bordereaux constatant les versements effectués à la caisse municipale, et le bordereau récapitulatif arrêté, à la fin de l'année, par le directeur des contributions indirectes ou le chef de service de l'arrondissement, contradictoirement avec le Maire.

Pour les recettes accessoires, les extraits dûment certifiés, des règlements de l'octroi, et les actes qui ont fixé les recettes accidentelles (Circulaire du 12 décembre 1828).

Pour les recettes d'ordre, voir § 39.

** En vertu de l'article 8 de la loi du 24 juillet 1867, l'établissement des taxes d'octroi et les règlements relatifs à leur perception restent soumis à l'approbation du Gouvernement. L'article 9 élargit les attributions des Conseils municipaux en ce qui concerne :

1° La diminution ou la suppression des taxes d'octroi ;

2° La prorogation pendant cinq ans au plus des taxes principales ;

3° L'augmentation des taxes jusqu'à concurrence d'un décime, pour cinq ans au plus.

Les délibérations prises sur ces différents points sont exécutoires sans approbation du Préfet, mais dans les conditions déterminées par l'article 18 de la loi du 18 juillet 1837.

** La circulaire du Ministre de l'intérieur du 23 septembre 1871 a fait ressortir les nouveaux droits attribués au Conseil général, en matière de taxes d'octroi par l'article 46, § 25. L'assemblée départementale statue définitivement sur les délibérations du Conseil municipal ayant pour but la prorogation des taxes additionnelles d'octroi existantes ou l'augmentation des taxes principales au-delà d'un décime, le tout dans les limites du maximum des droits et de la nomenclature des objets fixés par le tarif général. Quant aux surtaxes sur les boissons, elles ne peuvent être établies, prorogées ou modifiées qu'en vertu d'une loi.

Si l'octroi est établi *en régie simple*, c'est au Maire qu'il appartient de régler l'ordre du service, d'en surveiller l'exécution, de transiger, sauf l'approbation du Préfet, sur les procès-verbaux avec les délinquants et de suivre les instances judiciaires.

* Le relevé sommaire par bureau de perception, etc., indiqué par l'instruction générale comme pièce justificative à produire à l'appui de cette recette formant double emploi avec le *bordereau des bulletins de versements* 2e nous paraît inutile.

Si la mise *en ferme* ou *en régie intéressée* a été adoptée, le Maire, doit procéder à l'adjudication. Cette adjudication est faite dans la forme indiquée pour la mise en ferme des biens communaux (§ 4).

Le régime de l'*abonnement avec les contributions indirectes* consiste à attribuer aux employés de cette administration la direction du service et le recouvrement des droits moyennant une remise proportionnelle ou une somme fixe pour le traitement des employés, tous les autres droits restant à la charge de la commune (V. art. 915 à 920 et 936 à 938).

A l'exception des *baux* ou *traités* produits lors de l'apurement, les autres pièces justificatives indiquées par l'instruction générale ne sont pas assujetties au timbre.

### § 10. **Droits de pesage, mesurage et jaugeage, produit brut** (Art. 926).

Pour les produits dont il est compté pour la première fois, l'arrêté du Préfet autorisant la perception des droits.

Pour les droits perçus en vertu d'un bail à ferme, une expédition de ce bail, non timbrée pour la première année, et (T) lorsqu'elle est jointe au compte final.

Pour les droits perçus en régie simple, un état des produits bruts, divisé par mois, et présentant les bases et le décompte de la perception; cet état certifié par l'agent de la recette et arrêté par le Maire.

Pour les droits en régie intéressée, 1° le bail ou traité, non timbré, avec le premier compte; (T) quand il est joint au compte final; 2° les bordereaux constatant les versements effectués à la caisse municipale; 3° le compte des bénéfices partagés avec le régisseur.

Ces droits sont établis en vertu de tarifs et règlements proposés par les Conseils municipaux, et approuvés par les Préfets. Ils peuvent, suivant les convenances locales, être perçus par voie de régie simple, de régie intéressée ou de bail à ferme. Les baux consentis, soit à l'amiable, soit aux enchères, restent soumis aux formalités concernant la mise des biens et droits des communes.

Les pièces justificatives indiquées ci-contre sont exemptes du timbre, à l'exception des baux ou traités quand ils sont produits à l'apurement.

### § 11. **Droits de location des places dans les halles, foires, marchés et abattoirs** (Art. 925).

Mêmes justifications qu'à l'article précédent,

** Aux termes de l'article 1er, § 4, de la loi du 24 juillet 1867, les Conseils municipaux règlent par leurs délibérations les tarifs des droits de place à percevoir dans les halles, foires et marchés. Ces droits doivent, autant que possible, être fixés d'après la superficie occupée et non d'après la valeur ou la quotité des marchandises exposées en vente.

Mêmes justifications que pour l'article précédent.

### § 12. **Droits de stationnement sur la voie publique et sur les ports et rivières** (Art. 925).

Pour la première fois, copie certifiée de l'arrêté du Préfet qui a établi les droits. Du reste, mêmes justifications que pour les droits de pesage, etc. (§ 10).

** Comme ci-dessus, les Conseils municipaux règlent par leurs délibérations les droits à percevoir pour permis de stationnement et de location sur les rues, places et autres lieux dépendant du domaine public communal. Ces tarifs doivent être soumis à l'approbation de l'autorité supérieure même quand il s'agit des ports, quais, rivières et autres lieux dépendant de la grande voirie (C. Int. du 3 août 1867).

Mêmes justifications que pour le § 10.

§ **13. Droits de voirie** (Art. 925).

Pour la première fois, copie certifiée de l'arrêté du Préfet qui a déterminé les droits à percevoir.

États détaillés et certifiés des permissions accordées par le Maire, et des droits qui en sont résultés.

Le mode de recouvrement de ce produit est soumis aux mêmes règles qu'au § 10.

Les pièces justificatives ne sont pas soumises au timbre.

§ **14. Taxe pour travaux d'art, de salubrité, etc.**

Pour la première fois, copie certifiée de l'arrêté du Préfet qui a établi les taxes.

Du reste, mêmes justifications que pour les droits de pesage (§ 10).

Mêmes justifications que pour le § 10.

§ **15. Concessions d'eau et autres dûment autorisées** (Art. 927).

Lorsque le produit paraît pour la première fois au compte, copie certifiée du tarif des droits; pour les concessions faites pendant l'année, copie certifiée des actes; pour les concessions faites pendant les années précédentes, état certifié par le Maire.

Ce produit est perçu en vertu des tarifs établis d'après les conditions fixées par un arrêté préfectoral homologué par le Sous-Préfet.

Les pièces sont soumises au timbre à l'exception des pièces administratives.

§ **16. Concessions de terrains dans les cimetières** (Art 927).

Lorsque le produit paraît pour la première fois au compte, copie certifiée de l'arrêté du Préfet qui a autorisé les concessions et en a fixé le tarif.

Expéditions (T) des actes de concessions.

** Les Conseils municipaux règlent, par leurs délibérations, le tarif des concessions dans les cimetières (Art. 1er, § 6, L. du 24 juillet 1867). Il convient de restreindre, autant que possible, le nombre des concessions perpétuelles afin d'éviter un prompt envahissement du cimetière qui en rendrait l'agrandissement indispensable au préjudice des propriétés riveraines.

L'arrêté du Préfet étant un acte d'administration n'est pas soumis au timbre.

Les actes de concessions passés par les Maires, après l'approbation du tarif, sont *passibles du timbre et du droit d'enregistrement.*

Le prix des concessions de terrain pour les sépultures est attribué, savoir : deux tiers à la commune, un tiers aux pauvres ou aux établissements de bienfaisance (Art. 927).

§ **17. Produits des expéditions des actes de l'état civil et des actes administratifs** (Art. 928).

État certifié par le Maire, indiquant la nature et le nombre d'actes dont il a été délivré des expéditions, ainsi que le produit des droits, ou certificat négatif.

Ces droits ont été établis par les lois des 20 septembre et 19 décembre 1792 et par celle du 3 ventôse an III.

Le décompte qui doit être produit à la fin de chaque trimestre doit mentionner la nature et le nombre des actes délivrés.

Cette pièce est dispensée du timbre.

§ **18. Coupes ordinaires de bois** (Art. 862 à 868).

Le procès-verbal d'adjudication (T) et bordereau récapitulatif à l'appui.

Les adjudications des coupes, tant ordinaires qu'extraordinaires des bois communaux, sont, sauf quelques clauses particulières, soumises aux mêmes règles que les adjudications des bois de l'État; ces règles font l'objet d'un cahier des charges préparé par les soins de l'administration des forêts et approuvé par le Ministre des finances (V. art. 863 à 869).

** Le prix des coupes de bois à régler en traites ne doit être porté que dans le budget de l'année pendant laquelle les traites sont payables. En conséquence, il doit, l'année de l'adjudication, être compris dans les services hors budget, c'est-à-dire le dixième aux services budgétaires et le surplus représentant les traites versées au receveur des finances aux services hors budget (C. C. P. du 30 janvier 1866).

Le procès-verbal d'adjudication produit lors de l'apurement est *soumis au timbre;* le bordereau récapitulatif en est exempt.

§ **19. Coupes de bois d'affouage** (Art. 870 à 873).

Le rôle arrêté par le Préfet (T).

Les Conseils municipaux règlent la distribution, entre les habitants, des bois coupés à titre d'affouage. Les délibérations des Conseils municipaux doivent être approuvées par les Préfets. La répartition de la somme à imposer est faite au moyen de rôles ou états de distribution dressés par les Maires rendus exécutoires par le Préfet (V. art. 870 à 873).

La quittance que délivre le receveur aux habitants pour la taxe d'affouage est soumise au *timbre*.

Les rôles d'affouage sont également passibles du timbre; ils peuvent être rédigés sur des feuilles de papier timbrées à l'extraordinaire ou visées pour timbre.

§ **20. Produits accessoires des bois communaux** (Art. 875 à 878).

Les titres de perception, tels qu'ils sont prescrits par les articles ci-contre.

Mêmes justifications que pour les articles ci-contre (V. art. 875 à 878).

§ **21. Droits perçus dans les écoles préparatoires à l'enseignement des lettres et des sciences et dans les écoles préparatoires de médecine et de pharmacie** (Art. 879).

État des droits perçus conforme au modèle n° 102.

* Le mode de recouvrement des droits d'inscription et d'examen dans les écoles préparatoires à l'enseignement des sciences et des lettres et dans les écoles préparatoires de médecine et de pharmacie est indiqué aux articles 395, 407, 415, 416 et 433. D'après les règlements, il ne doit être fait recette par le receveur que *du net* auquel la commune a droit.

§ **22. Produits du collége communal** (Art. 880).

Copie, dûment certifiée, du compte rendu par le principal et faisant ressortir le bénéfice de la gestion annuelle du collége, et, lorsque la rétribution payée par les élèves est perçue au profit de la commune, états nominatifs trimestriels portant décompte de cette rétribution.

Les colléges communaux sont soumis à deux modes d'administration différents; les uns sont en régie, c'est-à-dire au compte des villes qui profitent des bénéfices obtenus sur la gestion du pensionnat et perçoivent la rétribution payée par les élèves externes;

les autres sont au compte des principaux, qui les administrent à leurs risques et périls, moyennant une subvention communale fixe ou variable.

Dans les cas autres que celui de la subvention fixe, il doit être remis au receveur municipal une copie dûment certifiée du compte que rend le principal au bureau placé près de chaque collége. Cette pièce est produite par le receveur municipal à l'appui de son compte.

Les quittances des rétributions perçues par le receveur sont sujettes au *timbre* quand ces rétributions excèdent 10 francs. Les états nominatifs des professeurs y sont également assujettis.

§ **23. Cotisations particulières pour le pâturage, le pavage, etc.** (Art. 851 et 881).

Pour la première fois, l'arrêté du Préfet qui a réglé les droits de pâturage, pavage, etc.

Le rôle arrêté par le Préfet (T).

Les cotisations et taxes particulières dues par les particuliers en vertu des lois et des usages locaux, sont répartis par délibération du Conseil municipal approuvée par le Préfet (Art. 881).

L'arrêté du Préfet n'est pas soumis au timbre.

§ **24. Prestations pour les chemins vicinaux** (Art. 883 à 888).

Copie, certifiée par le le Maire, de l'exécutoire du rôle des prestations, ordonnances de dégrèvement qui justifient la réduction de ce rôle.

§ **25. Subventions, abonnements et souscriptions volontaires pour le même service** (Art. 889)

Les ampliations, également certifiées, des actes qui ont réglé ou accepté les subventions, abonnements ou souscriptions.

** Les règles relatives à la comptabilité des receveurs municipaux concernant le service des chemins vicinaux font l'objet d'un règlement général du Ministère de l'intérieur en date du 6 décembre 1870.

Les recettes sont justifiées de la manière suivante dans les comptes communaux soumis au Conseil de préfecture ou à la Cour des comptes :

### PRODUIT DES CENTIMES SPÉCIAUX OU DES CENTIMES EXTRAORDINAIRES.

Un extrait des rôles généraux ou spéciaux des contributions directes visé par le Maire et le receveur des finances. Cette pièce n'est pas soumise au timbre.

### PRESTATIONS.

Avant apurement du rôle, copie de l'exécutoire, et, pour établir le montant des réductions, les ordonnances de décharge; après apurement, le rôle lui-même.

### SUBVENTIONS SPÉCIALES.

Arrêtés de fixation rendus par le Conseil de préfecture ou décision de la commission départementale, selon que ces subventions auront été réglées dans la forme des expertises ou dans celle des abonnements.

### SOUSCRIPTIONS PARTICULIÈRES OU PROVENANT D'ASSOCIATIONS PARTICULIÈRES.

Copie ou extrait du titre de souscription ou le titre lui-même, appuyé de l'acceptation donnée par le Préfet, et, dans le cas de réduction de titre, les ordonnances de décharge.

### EMPRUNTS A LA CAISSE DES CHEMINS VICINAUX OU A TOUTE AUTRE CAISSE.

Copie de la délibération du Conseil municipal, de l'arrêté du Préfet, du décret ou de la loi autorisant l'emprunt. Copie certifiée par le Maire des actes qui ont réglé les conditions de l'emprunt.

### ALIÉNATION DE DÉLAISSÉS D'ANCIENS CHEMINS DÉCLASSÉS.

Arrêté préfectoral autorisant la vente; expédition *timbrée* de l'adjudication ou de l'acte de vente à l'amiable; décompte des intérêts, s'il y a lieu. Si le titre n'est pas apuré à la fin de l'exercice, il ne sera produit qu'un extrait sur papier libre, avec mention que le titre timbré sera produit ultérieurement.

### SUBVENTIONS DE L'ÉTAT OU DU DÉPARTEMENT.

Certificat du receveur des finances, visé par le Maire, établissant le montant des subventions accordées.

§ **26. Taxe municipale sur les chiens** (Art. 893 à 912).

Ampliation ou extrait certifié du décret qui a fixé le tarif de la taxe; copie, certifiée par le Maire, de l'exécutoire du rôle de la taxe; ordonnances de dégrèvement qui justifient la réduction de ce rôle.

La taxe municipale sur les chiens est assimilée, pour le recouvrement, aux contributions directes, et ce recouvrement s'opère d'après le mode indiqué à l'article 888 de l'instruction générale.

Les ordonnances de dégrèvement sont signées par les contribuables ou par le Maire.

Un décret du 9 janvier 1856 a fixé le tarif de la taxe pour tout le territoire.

Les pièces justificatives ne sont pas soumises à la formalité du timbre.

§ **27. Intérêts des fonds placés au Trésor public** (Art. 766, 774 et 940).

Ampliation des décomptes annuels, certifiée par le receveur des finances.

* Ces décomptes considérés comme des pièces d'ordre et d'administration ne sont pas assujettis au timbre.

* Le tableau ci-dessous donne le nombre de jours existant (5e jour de la dizaine) entre différentes époques de l'année, qui doivent être calculées sur toutes les sommes portées au débit et au crédit des comptes courants dans les colonnes 3 et 7 du modèle n° 209.

(Pour savoir quel est le nombre de jours d'intérêts depuis le 20 juillet, par exemple, il faut chercher dans la 1re colonne à gauche le nombre 20, suivre horizontalement cette ligne de chiffres et s'arrêter à la colonne qui a pour titre juillet: on trouve 160 jours).

| JOURS. | JANV. | FÉVR. | MARS. | AVRIL. | MAI. | JUIN. | JUILL. | AOUT. | SEPT. | OCT. | NOV. | DÉC. |
|---|---|---|---|---|---|---|---|---|---|---|---|---|
| 5 | 355 | 325 | 295 | 265 | 235 | 205 | 175 | 145 | 115 | 85 | 55 | 25 |
| 10 | 350 | 320 | 290 | 260 | 230 | 200 | 170 | 140 | 110 | 80 | 50 | 20 |
| 15 | 345 | 315 | 285 | 255 | 225 | 195 | 165 | 135 | 105 | 75 | 45 | 15 |
| 20 | 340 | 310 | 280 | 250 | 220 | 190 | 160 | 130 | 100 | 70 | 40 | 10 |
| 25 | 335 | 305 | 275 | 245 | 215 | 185 | 155 | 125 | 95 | 65 | 35 | 5 |
| 30 | 330 | 300 | 270 | 240 | 210 | 180 | 150 | 120 | 90 | 60 | 30 | 0 |

§ 28. **Produits des enrôlements volontaires** (Art. 941).

Copie, certifiée des mandats délivrés par les intendants militaires.

Il est attribué aux communes une indemnité de 3 francs sur chacun des vingt-cinq premiers enrôlements volontaires contractés dans les mairies, de 2 francs sur chacun des soixante-quinze qui suivent, et 1 franc sur les autres.

Un certificat du Maire peut remplacer la copie des mandats délivrés par les intendants militaires.

## RECETTES EXTRAORDINAIRES.

§ 29. **Impositions locales extraordinaires de toutes natures** (Art. 13 à 17, 942 et 943).

Les ampliations ou extraits, certifiés par le Maire, des lois, décrets ou arrêtés préfectoraux qui autorisent les impositions.

L'extrait des rôles, certifié par le receveur des finances et visé par le Maire.

Les cinq centimes extraordinaires mentionnés au § 1^er^ de l'article 3 de la loi du 24 juillet 1867 doivent être employés à des dépenses extraordinaires, et le produit ou une portion quelconque du produit de ces centimes ne peut servir à combler le déficit des ressources ordinaires.

Aux termes de l'article 4 de la loi du 18 juillet 1866, le Conseil général est chargé de fixer, chaque année, le maximum du nombre des centimes extraordinaires que les Conseils municipaux sont autorisés à voter pour les dépenses extraordinaires d'utilité communale. Ce maximum ne peut dépasser *vingt centimes*. Les centimes communaux destinés aux dépenses annuelles obligatoires ou facultatives, ainsi que les centimes spéciaux votés en vertu des lois du 21 mai 1836 et du 15 mars 1850, ne sont pas confondus avec les centimes extraordinaires que les Conseils municipaux peuvent voter jusqu'à concurrence du maximum fixé par le Conseil général. Il en est de même des centimes qu'en vertu de la loi du 10 avril 1867 et du deuxième paragraphe de l'article 3 de la loi du 24 juillet 1867, les conseils municipaux sont libres de voter pour les besoins de l'enseignement public, et les dépenses des chemins vicinaux ordinaires. Ces centimes ont une destination précise dont ils ne peuvent être détournés sous aucun prétexte, et ont un caractère annuel qui marque leur place dans la catégorie des recettes ordinaires.

** Aux termes de la loi du 24 juillet 1867, article 3, § 1er, les Conseils municipaux peuvent voter, dans la limite du maximum fixé, chaque année, par le Conseil général, des contributions extraordinaires n'excédant pas cinq centimes pendant cinq années, pour en affecter le produit à des dépenses extraordinaires d'utilité communale.

Les Conseils municipaux votent, sauf approbation du Préfet, les contributions extraordinaires qui dépasseraient cinq centimes, sans excéder le maximum fixé par le Conseil général, et dont la durée ne serait pas supérieure à douze années (Même loi, art. 5).

Toute contribution extraordinaire dépassant le maximum fixé par le Conseil général est autorisée par décret.

Le décret est rendu en Conseil d'État, s'il s'agit d'une commune ayant un revenu supérieur à 100,000 francs.

Toute contribution extraordinaire dépassant le maximum fixé par le Conseil général ou dont la durée serait supérieure à douze années, est autorisée, lorsqu'il s'agit de pourvoir à *une dépense obligatoire non annuelle*, par le Préfet pour les communes ayant moins de 100,000 francs de revenus (C. Int. du 27 août 1867).

* Lorsque le nombre des centimes extraordinaires dépasse cinq centimes sans excéder le maximum fixé par le Conseil général et que la durée n'est pas supérieure à douze années, il y a lieu de produire l'ampliation ou extrait, certifié par le Maire, de l'arrêté préfectoral, qui a approuvé la délibération du Conseil municipal. Lorsque les impositions extraordinaires dépassent le maximum fixé par le Conseil général ou que la durée de ces impositions est supérieure à douze années, on doit joindre, s'il s'agit d'une commune ayant un revenu supérieur à 100,000 francs, l'ampliation ou extrait certifié par le Maire, du décret rendu en Conseil d'État, ou la copie de l'arrêté préfectoral, s'il s'agit d'une commune dont le revenu est inférieur à 100,000 francs.

De même que pour le § 1er, l'extrait des rôles, est exempt du timbre, ainsi que les autres pièces indiquées par l'instruction générale.

### § 30. Produit des ventes de meubles et d'immeubles (Art. 944 et 945).

Ampliation de l'arrêté du Préfet qui a autorisé la vente, en vertu du décret du 25 mars 1852 (§ 41 du tableau A).

Copie des procès-verbaux d'adjudication ou autres actes qui ont déterminé le prix et les conditions des ventes, (T) quand elle est produite avec le compte final, et non timbrée lorsqu'il s'agit de justification provisoire. S'il s'agit d'un prix productif d'intérêt, décompte de la recette en capital et intérêts (Modèle n° 315).

Les ventes de meubles ou immeubles appartenant aux communes sont proposées par les Conseils municipaux, dont les délibérations sont approuvées par les Préfets. Les ventes autorisées sont faites aux enchères, et le versement du prix dans la caisse municipale est effectué suivant les conditions portées dans l'acte de vente. Le cahier des charges doit être approuvé par le Préfet.

L'ampliation de l'arrêté du Préfet est exempte du timbre, les autres pièces énumérées dans la disposition ci-contre sont assujetties à la formalité.

* En matière de comptabilité communale, les règles prescrites par l'article 586 du Code Napoléon pour le calcul des intérêts, doivent être exactement suivies. Le calcul doit donc se faire d'après le nombre réel des jours écoulés, et l'usage suivi dans certaines communes, de supposer tous les mois de trente jours, ne saurait être considéré comme conforme au principe d'après lequel les fruits civils s'acquièrent jour par jour (Jurisprudence de la Cour des comptes).

### § 31. Legs et donations (Art. 946 à 952).

Ampliation des décrets ou des arrêtés du Préfet qui ont autorisé l'acceptation des dons et legs, en vertu de la loi du 18 juillet 1837 (art. 48) et du décret du 25 mars 1852 (§ 42 et V du tableau A); extrait certifié des inventaires, partages ou actes de ventes établissant les droits de la commune, quand ce n'est pas une somme fixe qui a été léguée (T).

** Les Conseils municipaux règlent par leurs délibérations l'acceptation ou le refus des dons et legs faits à la commune sans charges, conditions ou affectation immobilière, lorsque ces dons et legs ne donnent pas lieu à réclamation. Lorsque les dons et legs sont faits avec charges, conditions ou affectation immobilière, la délibération du Conseil municipal est exécutoire en vertu d'un arrêté du Préfet, s'il n'y a pas de réclamation des familles; dans le cas contraire, il est statué par décret rendu en Conseil d'État (C. C. P. du 10 avril 1868).

En cas de désaccord entre le Maire et le Conseil municipal, la délibération ne sera exécutoire qu'après approbation du Préfet (L. du 24 juillet 1867, art. 1er).

L'instruction générale n'indique comme étant soumis au timbre que l'extrait *des inventaires*, etc. La copie des actes d'autorisation délivrée administrativement est exempte de la formalité.

* Comme complément de justification, il pourrait y avoir lieu de produire 1° une expédition sur *papier timbré* du testament ou de la donation; 2° le compte rendu devant notaire par l'exécuteur testamentaire si la commune (ou l'établissement) est héritier universel (sur papier timbré); 3° la délibération du Conseil municipal approuvant ledit compte, ou expédition *timbrée* du jugement, si le compte a été homologué judiciairement.

## § 32. **Produit de l'amortissement des rentes sur particuliers** (Art. 953).

Décompte dûment arrêté, indiquant la rente annuelle, le taux, l'échéance ,le capital et la date de l'amortissement (T).

Ampliation de l'arrêté préfectoral d'autorisation, lorsque les remboursements ont été faits sous la déduction d'un cinquième du capital, en vertu de l'instruction du Ministère de l'intérieur, du 24 septembre 1825.

Le remboursement des capitaux placés sur des particuliers peut être fait aux communes quand les débiteurs le proposent, à la condition que ceux-ci adressent une demande aux Maires en deux expéditions qui sont adressées aux Préfets dont l'une est renvoyée aux Maires après approbation, et l'autre aux receveurs municipaux par l'intermédiaire du receveur des finances.

* Au décompte *timbré* il conviendrait de joindre un extrait du titre constitutif de la rente sur papier timbré, à moins que cet extrait ne fasse partie du décompte.

## § 33. **Coupes extraordinaires de bois** (Art. 954 à 965).

Copie ou date des décrets qui ont autorisé les ventes; procès-verbaux d'adjudication (T) récapitulés dans un bordereau.

L'adjudication des coupes autorisées sur le quart de réserve est faite dans les formes et selon les règles indiquées pour les coupes ordinaires. Comme il est dit, page 22, le procès-verbal seul est assujetti au timbre et doit contenir la mention de l'autorisation ministérielle; le bordereau est exempt du timbre.

§ **34. Emprunts** (Art. 967 à 970).

Date de la loi ou ampliation du décret d'autorisation, en vertu de la loi du 18 juillet 1839 (art. 45) et du décret du 25 mars 1852 (§ 37 et T du tableau A); copie, certifiée par le Maire, des actes qui ont réglé les conditions de l'emprunt, (T) si c'est la copie qui a été délivrée à la commune pour lui servir de titre.

** Les Conseils municipaux votent et règlent, par leurs délibérations, les emprunts communaux remboursables sur les centimes extraordinaires, c'est-à-dire sur des contributions extraordinaires votées dans la limite du maximum fixé chaque année par le Conseil général et n'excédant pas cinq centimes pendant cinq ans, ou sur les ressources ordinaires, quand l'amortissement, en ce dernier cas, ne dépasse pas douze années.

En cas de désaccord entre le Maire et le Conseil municipal, la délibération ne sera exécutoire qu'après approbation du Préfet (L. du 24 juillet 1867, art. 3, §§ 3 et 4).

Les Conseils municipaux votent, sauf approbation du Préfet, les emprunts remboursables sur ces mêmes contributions extraordinaires (*a*) ou sur les revenus ordinaires dans un délai excédant douze années.

Tout emprunt remboursable sur ressources extraordinaires, dans un délai excédant douze années, est autorisé par décret.

Le décret est rendu en Conseil d'État, s'il s'agit d'une commune ayant un revenu supérieur à 100,000 francs. Il est statué par une loi, si la somme à emprunter dépasse un million, ou si ladite somme, réunie au chiffre d'autres emprunts non encore remboursés, dépasse un million (Même loi, art. 7, § 3).

Tout emprunt remboursable *sur ressources ordinaires* doit être également soumis à la sanction législative, dès qu'il dépasse un million ou que, réuni à d'autres emprunts non remboursés, il dépasse ce chiffre.

En cas d'urgence et lorsque l'intervention d'une loi est nécessaire d'après les dispositions ci-dessus, l'emprunt peut être autorisé

(*a*) C'est à dire sur les contributions extraordinaires qui dépasseraient cinq centimes sans excéder le maximum fixé par le conseil général, et dont la durée ne serait pas supérieure à douze années.

par un décret rendu dans la forme des règlements d'administration publique, jusqu'à concurrence du quart des revenus de la commune (L. du 18 juillet 1837, art. 41).

Les engagements à longues échéances et portant intérêts stipulés dans des actes d'acquisition immobilière ou de concessions de travaux sont considérés comme présentant le caractère de véritables emprunts et comme devant être, dès lors, assujettis à toutes les règles établies en matière d'autorisation d'emprunts communaux (Jurisprudence de la Cour des comptes).

Les délibérations des commissions administratives des hospices, hôpitaux et autres établissements charitables communaux, *concernant un emprunt,* sont exécutoires en vertu d'un arrêté du Préfet, sur avis conforme du Conseil municipal, lorsque la somme à emprunter ne dépasse pas le chiffre des revenus ordinaires de l'établissement et que le remboursement doit être effectué dans un délai de douze années.

Si la somme à emprunter dépasse ledit chiffre, ou si le délai de remboursement est supérieur à douze années, l'emprunt ne peut être autorisé que par un décret. Le décret d'autorisation est rendu dans la forme des règlements d'adjudication publique si l'avis du Conseil municipal est contraire ou s'il s'agit d'un établissement ayant plus de 100,000 francs de revenus.

L'emprunt ne peut être autorisé que par une loi, lorsque la somme, à emprunter dépasse 500,000 francs, ou lorsque ladite somme réunie au chiffre d'autres emprunts non encore remboursés, dépasse 500,000 mille francs (L. du 24 juillet 1867, art. 12).

Si l'emprunt a été fait avec concurrence et publicité on doit produire une expédition du cahier des charges et de l'adjudication *timbrée.* L'expédition de l'acte intervenu entre la commune et le prêteur doit être *timbrée.*

### § 35. **Produit de la vente d'inscriptions de rentes sur l'État** (Art 972 et 973).

Ampliation des arrêtés du Préfet qui ont autorisé les ventes; bordereaux de l'agent de change qui en établit le prix (T).

* L'ampliation de l'autorisation administrative est exempte du timbre, les autres pièces énumérées dans la disposition ci-contre sont assujetties à la formalité.

### § 36. Rétribution scolaire.

Des rôles trimestriels certifiés par les instituteurs, visés par le Maire et rendus exécutoires par le Sous-Préfet, les ordonnances de dégrèvements qui en justifient la réduction.

** Ces dispositions ont été modifiées par la circulaire de la comptabilité publique du 1er mars 1866. La recette de ce produit se justifie par la production d'un état certifié par le Maire, des rôles émis et ordonnances de dégrèvements qui réduisent le montant de ces rôles.

Cette pièce est exempte de timbre.

### § 37. Recettes accidentelles et imprévues (Art. 971).

Titres (timbrés ou non timbrés, suivant le cas) qui constituent les produits, et états, dûment arrêtés qui en déterminent le montant.

Les diverses recettes accidentelles et imprévues opérées en vertu d'autorisations supplémentaires et de titres de perception figurent dans les comptes sous la désignation du produit qu'elles ont pour objet, et se justifient par des titres, (timbrés ou non timbrés suivant le cas), qui constituent les produits.

Pour les forcements en recette sur remises perçues en trop on doit produire des quittances à souche du comptable délivrées à lui-même.

## SERVICES HORS BUDGET.

## RECETTE.

### § 38. Fonds de retraites, retenues sur traitements et part dans les saisies et amendes d'octroi (Art. 1007, 1096, 1097, 1100, 1462 et 1485).

Pour la première fois, ampliation ou extraits des décisions qui déterminent les retenues, état nominatif annuel arrêté par le Maire, des employés qui ont subi les retenues et indiquant, avec le chiffre des traitements, le montant et la nature de ces retenues. Pour la part revenant aux fonds de retraites dans le produit des saisies et amendes d'octroi, les états de répartition mentionnés au § 73.

### Semestres de rentes (Art. 1098 et 1485).

État certifié par le Maire indiquant les numéros et le montant des inscriptions.

**Recettes accidentelles** (Art. 1096 et 1485).

Titres qui constituent les produits, timbrés ou non timbrés suivant le cas (voir le § 31 quand il s'agit de legs et donations), et états dûment arrêtés qui en déterminent le montant.

Copie du compte remis par la caisse des dépôts.

Aux termes de l'article 1100 de l'instruction générale, le receveur doit produire à l'appui du compte de gestion une copie de son compte-courant des sommes versées à la caisse des dépôts et consignations pour fonds de pensions ou de retraites.

Les ampliations des décisions, les états nominatifs des employés qui ont subi les retenues, sont exempts du timbre ainsi que l'état indiquant le montant des inscriptions pour semestres de rentes et les états de répartition pour la part revenant aux fonds de retraites dans le produit des saisies et amendes d'octroi.

Pour les *recettes accidentelles*, on produira avec les pièces indiquées ci-contre le compte remis par la caisse des dépôts (papier libre).

§ **39. Recettes d'ordre de l'octroi, consignations pour saisies et amendes** (Art. 1102, 1462 et 1540).

Bulletins de versements à la caisse municipale, procès-verbaux constatant les contraventions, les transactions ou les jugements intervenus; actes de ventes s'il y a lieu.

**Consignations sur passe-debout** (Art. 1102 et 1463).

Bulletin de versements, déjà cités, et relevés mensuels des recettes et des dépenses sur passe-debout.

**Remises allouées aux employés par l'administration des contributions indirectes** (Art. 1102 et 1464).

Bulletins de versements, déjà cités, appuyés des décomptes de remises revenant aux employés.

**Produit net des ventes faites dans les entrepôts** (Art. 1102 et 1465).

Procès-verbaux constatant le produit des ventes, et pièces justificatives des déductions à opérer sur ce produit.

* Les règles auxquelles sont soumises les recettes d'ordre relatives à l'octroi se trouvent indiquées aux articles 1102, 1462, 1463 et 1464 de l'instruction générale.

§ **40. Coupe affouagère distribuée en nature** (Art. 874 et 1103).

Certificat du Maire constatant l'estimation de la coupe détaillée par quantité, par nature de produits et par contenance.

Cette recette fait l'objet d'un compte d'ordre auquel est porté, sur un certificat du Maire, (papier libre), le montant de l'estimation qui a été faite des coupes d'affouage délivrées gratuitement aux habitants.

§ **41. Dépôts de garantie et cautionnements pour adjudications et marchés**(Art. 1026 à 1028, 1104 et 1480).

État, certifié par le Maire, des dépôts et des cautionnements qui ont dû être reçus, et présentant, dans des colonnes distinctes, les dépôts et les cautionnements en numéraire et en rentes sur l'État.

L'état indiqué ci-contre, indiquant les cautionnements en numéraire des adjudicataires ainsi que les dépôts préalables en numéraires et en rentes des soumissionnaires de fournitures et de travaux entrepris au compte des communes et établissements de bienfaisance, que les receveurs sont appelés à recevoir provisoirement, est exempt du timbre.

§ **42. Excédants de versements sur les produits communaux** (Art. 888, § 8°, 910, 1038 et 1105).

Relevé, dressé par le receveur et certifié par le Maire, des excédants par nature de produits.

Le relevé des excédants de versements résultant des ordonnances de dégrèvements sur les produits communaux que les receveurs doivent rembourser aux ayants droit est exempt de timbre.

§ **43. Retenues pour le service des pensions civiles et en vertu d'oppositions** (Art. 346, 360, 363, 364, 367, 369, 371, 1007, 1106 et 1473).

État, certifié par le Maire, des retenues opérées.

L'état des retenues concernant le service des pensions civiles, que les receveurs municipaux ont à opérer suivant les articles 346 et suivants de l'instruction générale n'est pas soumis à la formalité du timbre.

### § 44. Caisse des Écoles.

Aux termes de l'article 15 de la loi du 10 avril 1867, une délibération du Conseil municipal peut créer dans toute commune *une caisse des Écoles* destinée à encourager et à faciliter la fréquentation de l'école par des récompenses aux élèves assidus et par des secours aux élèves indigents.

La circulaire de la comptabilité publique du 15 octobre 1867, § 3, a modifié les articles 1095, 1107 et 1482 de l'instruction générale. Les opérations de recette concernant la caisse des Écoles sont justifiées par des ampliations, certifiées par le Maire, président de la commission administrative, des actes par lesquels ont été réglées soit les subventions de la commune, du département et de l'État, soit les souscriptions volontaires des particuliers, où ont été acceptés les dons et legs (papier libre).

### § 45. Cotisations particulières (Art. 1108 et 1476).

Rôles et états établissant les taxes, dûment approuvés.

Les rôles et états de taxes recouvrés pour le compte de particuliers ou dans l'intérêt d'habitants de plusieurs communes réunis pour un même objet, sont exempts du timbre.

### § 46. Part allouée aux pauvres ou aux hospices dans le produit des concessions de terrain dans les cimetières (Art. 927).

Relevé, certifié par le Maire, des actes de concessions indiqués au § 16.

Le relevé mentionné ci-contre est exempt du timbre.

### § 47. Recettes faites avant l'ouverture de l'exercice (Art. 1109 et 1492).

État détaillé des recettes, certifié par le Maire.

L'état, certifié par le Maire, des sommes que les débiteurs des communes ou des établissements de bienfaisance verseraient par anticipation avant l'ouverture de l'exercice auquel les produits appartiennent, est dispensé de la formalité du timbre.

# DÉPENSES.

## DES MANDATS DE PAYEMENT.

Aucune dépense ne peut être payée qu'en vertu d'une ordonnance ou d'un mandat délivré par une autorité compétente sur un crédit régulièrement ouvert; à l'appui de chaque payement doivent être produites les pièces constatant que la créance était liquide et exigible; l'ordonnance ou le mandat doit être revêtu de la quittance du créancier réel, et renfermer ainsi la preuve que la commune, l'établissement public sont parfaitement libérés.

Les Maires ou les adjoints qui les remplacent sont seuls ordonnateurs des dépenses municipales. Un des membres de la commission administrative de chaque établissement de bienfaisance est chargé des fonctions d'ordonnateur (Art. 987 et 1085).

Tout mandat de payement doit énoncer :

L'exercice auquel s'applique la dépense, le numéro et le titre de l'article, la partie prenante, c'est-à-dire la personne qui a fait le service, effectué les fournitures ou les travaux; on la désigne par son nom et on ajouterait ses prénoms si sa qualité ne suffisait pas pour reconnaître l'individualité.

Chaque mandat porte un numéro d'ordre. La série des numéros d'ordre est unique par exercice pour tous les mandats émanés d'une même commune ou établissement.

L'objet du payement et la somme à payer résultent des pièces justificatives.

Tout mandat qui présenterait, dans la partie imprimée ou manuscrite de son libellé, des râtures ou surcharges portant sur la désignation du créancier, l'objet de la créance, ou la somme à payer serait entaché d'irrégularité matérielle, si ces râtures ou surcharges n'étaient expressément approuvées.

Il est indispensable d'indiquer le nombre et la nature des pièces qui sont jointes aux mandats.

Enfin, les mandats doivent être arrêtés, datés et revêtus de la signature de l'ordonnateur. L'usage des griffes est interdit. Chaque mandat devra en outre être revêtu du sceau de la Mairie conforme au type adopté par le Ministre de l'intérieur.

Les comptables qui payent les dépenses sont tenus de veiller à ce que les acquits soient datés du jour même du payement, et les créanciers des communes ou d'établissements de bienfaisance sont tenus, quand ils ont donné leur acquit, soit au bas de leur mémoire ou facture, soit sur une feuille séparée, de quittancer encore le mandat *pour ordre* et par duplicata (Voir pour les parties prenantes illettrées, page 12).

Lorsqu'un illettré a droit à une somme supérieure à 10 francs, le timbre de dix centimes est exigible, mais il n'y a pas lieu d'apposer un second timbre en raison de la signature des témoins.

De même que les timbres mobiles de dix centimes ne sauraient tenir lieu de timbre de dimension, de même les timbres de dimension ne sauraient remplacer les timbres de dix centimes, les pièces ou états ainsi revêtus sont considérés comme non timbrés (C. C. P. du 30 décembre 1872, § 6).

Les mandats de payement ne sont assujettis au timbre, quand il s'agit d'une dépense *excédant* 10 *francs*, qu'à raison de l'acquit qui est mis au bas; en conséquence, ils cessent de l'être si indépendamment de cet acquit, lequel, du reste, doit toujours être donné pour ordre (art. 709), les factures ou mémoires sont quittancés par les parties prenantes, ou si la quittance est fournie sur une feuille timbrée distincte (C. C. P. du 18 septembre 1871).

Aucune disposition des lois et règlements ne paraît s'opposer à ce que les mémoires et factures soient établis au dos des formules de mandats, s'il est possible d'y inscrire tous les détails propres à vérifier l'exactitude de la liquidation. Mais la date de l'acquit ou de la quittance ne peut être antérieure à celle du mandat.

Si un mandat est au nom *d'une femme mariée* et pour prix *d'objets mobiliers,* il sera payé à la femme assistée de son mari, signant avec elle, l'acquit du mandat. Si un mandat est pour prix *d'immeubles appartenant à une femme,* elle devra produire, selon le cas, un acte de notoriété constatant qu'elle est mariée sans contrat, et, par conséquent, sous le régime de la communauté; ou bien un certificat de notaire attestant que, d'après le contrat de mariage, les époux ont (ou n'ont pas) le droit de vendre les immeubles de la femme sans faire remploi du prix. Si la femme est mariée sans contrat, ou que son contrat permette de vendre sans remploi, le prix sera payé à la femme, assistée de son mari signant, avec elle, l'acquit du mandat. Si le contrat exige un remploi, le prix sera payé sur un mandat délivré à qui de droit pour ce remploi et accompagné des pièces suivantes : *consentement du mari et de la femme; expédition de l'acte d'emploi; délibération du Conseil municipal approuvée* reconnaissant l'emploi bon et valable (V. pages 53, 54 et 114).

### DES MÉMOIRES ET FACTURES.

Les mandats pour le payement du prix de fournitures ou de travaux doivent être appuyés de la facture du fournisseur, et cette facture doit être *timbrée;* toutefois les Maires peuvent, pour les dépenses *non excédant* 10 *francs*, dispenser les créanciers de produire une facture ou un mémoire timbré, mais alors le détail des fournitures doit être énoncé dans le corps des mandats (Art. 1013).

Les factures ou mémoires doivent être établis par les entrepreneurs ou fournisseurs, de manière à faciliter le contrôle de la dépense, être totalisés en chiffres et en toutes lettres, être datés et signés par les créanciers, et porter l'indication de leur domicile. Ils doivent indiquer, en outre, l'époque à laquelle les livraisons ont été faites, constater l'exécution des travaux, contenir le certificat de réception, et présenter le numéro d'inscription à l'inventaire (1) pour les articles susceptibles d'être pris en charge. Il faut toujours qu'il y ait identité, entre le nom du créancier désigné dans le corps du mémoire, et le nom de la personne qui l'a signé. Les signatures griffées sont interdites.

Un acquit par procuration sur une facture ou mémoire, ne peut être admis qu'autant que les pouvoirs du représentant sont établis par acte authentique, produit au soutien de la pièce de dépense. Si cet acte a déjà été fourni à l'appui d'un mandat antérieur, il suffit de rappeler la date et le numéro de ce mandat.

Le montant des mémoires fournis par une compagnie ou une société de commerce, n'est payable que sur la production de l'acte de société indiquant le nom des personnes associées : un extrait de cet acte délivré par le greffier du tribunal de commerce peut également suffire. Si cette pièce a déjà été produite au soutien d'un mandat, on rappellera le numéro du mandat à l'appui duquel on l'a fourni.

(1) Aux termes de la circulaire du Ministre de l'intérieur en date du 16 juin 1842, il doit être tenu dans chaque mairie un registre ou cahier *d'inventaire*, lequel doit constater la prise en charge des archives et des objets mobiliers et être coté et paraphé par le Préfet; le modèle de ce registre est joint à la circulaire précitée.

Aux termes de l'article 29 de la loi du 13 brumaire an VII, le timbre des quittances fournies à l'État, ou délivrées en son nom est à la charge des particuliers qui les donnent ou les reçoivent. Les factures et mémoires ne peuvent donc comprendre comme article de dépense entrant dans la somme à payer, le prix du timbre dont ils sont passibles. Les communes doivent, autant que possible, faire supporter les frais de timbre des quittances, par les parties prenantes, et établir des conventions nécessaires pour faire payer le timbre par les personnes avec lesquelles elles contractent.

Lorsque les communes n'ont pas pris les mesures nécessaires pour faire supporter par qui de droit, les frais de timbre des mandats et mémoires délivrés par les Maires, ces frais incombent à la caisse municipale, conformément à l'article 1248 du Code civil qui met cette dépense à la charge du débiteur.

A partir du 1er décembre 1871 sont soumis à un droit de timbre de 10 centimes :

Les quittances et acquits donnés au pied des factures et mémoires, les quittances pures et simples, reçus ou décharges de sommes, titres, valeurs et objets et généralement tous les titres de quelque nature qu'ils soient, signés ou non, qui emportent libération, reçu ou décharge.

Le droit est dû pour chaque acte, reçu, quittance ou décharge; il peut être acquitté par l'apposition d'un timbre mobile, et n'est applicable qu'aux actes sous seing privé ne contenant pas de dispositions autres (L. du 23 août 1871, art. 18).

Les quittances de 10 francs et au-dessous, quand il ne s'agit pas d'un à-compte ou d'une quittance finale sur une plus forte somme, sont exemptes du droit de timbre de 10 centimes (Même loi, art. 20).

** Lorsque plusieurs fournisseurs se réunissent (qu'ils soient associés ou non) pour présenter un mémoire collectif de leurs fournitures, *chacun des acquits* dont est revêtu ce mémoire doit être soumis à un droit de timbre spécial de dix centimes, attendu que bien qu'il n'existe qu'un seul mémoire, comme il y a autant de reçus que de fournisseurs ayant des intérêts distincts, chacun de ces reçus est passible d'un droit de timbre particulier lorsqu'il se rapporte à une somme excédant dix francs quel que soit le mode adopté pour constater la libération.

** Dans le cas de décès d'un créancier de l'État, si la succession est restée indivise entre tous les cohéritiers, comme chacun d'eux est alors copropriétaire de tous les biens compris dans l'hérédité, il n'est dû à l'occasion de la quittance, qu'un seul droit de timbre, qu'un ou plusieurs des cohéritiers signent cette quittance.

** Mais si la succession ou la créance a été l'objet d'une liquidation, ou d'un partage antérieur en vertu duquel chacun des héritiers soit devenu propriétaire distinct et définitif d'une portion de ladite créance, il est dû autant de droits de timbre qu'il y a d'héritiers attributaires donnant quittance (C. C. P. du 6 mai 1874).

** Les factures ou mémoires qui accompagnent les mandats de payement doivent toujours être rédigés sur papier timbré, suivant la dimension, au prix de 60 cent., 1 fr. 20 cent., 2 fr. 40 cent., etc., et si le *pour acquit* est donné sur ces pièces, on doit y apposer, en outre, le timbre spécial de quittance qui est de 10 centimes; mais dans ce cas, la quittance souscrite au bas du mandat est simplement d'ordre, et n'est assujettie à aucun timbre (C. C. P. du 14 avril 1872).

** D'après la loi de finances du 2 juillet 1862, article 27, et le décret du 29 octobre suivant, article 1er, toute pièce revêtue d'un timbre mobile *non oblitéré* est réputée non timbrée.

## DÉPENSES DU PERSONNEL.

### § 48. **Remises du receveur municipal** (Art. 1041 et 1239 à 1245).

Pour la première fois, copie dûment certifiée de la décision qui a fixé le taux des remises, et relatant la délibération préalable du Conseil municipal.

Décompte définitif des remises prélevées sur les recettes et dépenses qui en sont passibles, suivant les articles 1240 et 1241 de l'instruction et suivant le modèle n° 254; quittances du receveur municipal (T, si le traitement annuel excède 300 fr.)

Le système des remises à allouer aux receveurs des communes et des établissements de bienfaisance a été établi par les ordonnances des 17 avril et 23 mai 1839.

Pour la liquidation des remises allouées aux comptables on consultera les articles 1035, 1041, 1240 et 1241 de l'instruction générale. Aux termes de l'article 1241, § 1er, les receveurs des communes et des établissements de bienfaisance n'ont droit à aucune remise sur les recettes et les dépenses qui ne constituent que des conversions de valeurs ou des opérations d'ordre; le § 2 met au nombre de ces conversions la dépense résultant de l'emploi des produits en nature, écartant ainsi, en ce qui touche ce genre de produits, tout droit à une remise sur la dépense et ne l'admettant que sur la recette.

* Les remises sont dues, tant sur les dépenses d'ordre que sur les recettes auxquelles donnent lieu les prestations en nature (Jurisprudence de la Cour des comptes).

** Les remises sur le produit des coupes de bois doivent figurer au décompte des remises du trimestre pendant lequel l'adjudication a eu lieu, alors même que la recette ne figure pas dans le budget de l'année où le prix est exigible (C. C. P. du 30 janvier 1866, § 12).

** Le décret du 15 août 1869 porte qu'à partir du 1er janvier 1870 les receveurs municipaux n'ont pas droit à remises sur la recette des subventions allouées aux communes par l'État et les départements, en vertu de la loi du 11 juillet 1868 sur les chemins vicinaux.

Les décomptes des remises doivent comprendre distinctement la partie qui regarde l'instruction primaire.

** Les décomptes que l'administration prescrit aux receveurs pour le mandatement de leurs remises sont passibles du timbre à dix centimes pour toute somme supérieure à dix francs (L. du 23 août 1871).

§ **49. Traitements des instituteurs et institutrices primaires et des directrices des salles d'asile** (Art. 979. 1010, 1032 à 1040 et 1042 à 1045).

Quittances des parties prenantes (T. si le traitement fixe fourni par la commune excède 300 francs).

Le mandat doit faire ressortir les retenues pour pensions à supporter par les instituteurs et institutrices autres que les membres des congrégations religieuses.

** La loi de finances du 27 juillet 1870, pour l'exercice 1871, a élevé à 700 francs le traitement minimum de tous les *instituteurs* comptant moins de cinq ans d'exercice. Ce traitement est porté à 800 francs après cinq ans de service. Ces dispositions ont été rendues exécutoires à partir de 1871 par un décret du 27 juillet 1870. A partir de la même date, le traitement des *institutrices* primaires publiques de 1re classe, ne pourra être inférieur à 600 francs, et celui des institutrices de 2e classe à 500 francs.

A cette occasion des instructions ont été adressées par le Ministre de l'instruction publique, en date du 9 août 1870, pour assurer l'application uniforme de la loi du 10 avril 1867 et du décret du 27 juillet 1870, et rappeler les règles à suivre en matière de traitement des instituteurs et de subventions de l'État.

Le traitement et les suppléments de traitement des instituteurs sont intégralement soumis aux retenues pour le service des pensions civiles et compris, dès lors, dans les bases de liquidation des pensions.

** Les indemnités allouées aux instituteurs pour les cours d'adultes, sont exemptes de retenues pour le service des pensions civiles (C. C. P. du 26 juin 1866, § 7).

L'inspecteur d'académie dresse, pour le payement de chaque instituteur, un certificat qui est visé par le Préfet, et envoyé par lui au trésorier payeur général pour être adressé au receveur municipal chargé du payement.

** A partir du 1er janvier 1873, le traitement minimum *des instituteurs adjoints* est porté à 600 francs ou à 500 francs selon la classe à laquelle ils appartiennent, et le traitement *des institutrices adjointes* est fixé à 450 francs (D. du 20 janvier 1873).

** La quittance de l'instituteur au bas du mandat de payement pour les sommes qui lui sont payées soit mensuellement, soit trimestriellement, tant sur son traitement que sur le produit des rétributions, est assujettie au timbre de 10 centimes (L. du 23 août 1871).

** La circulaire du 9 août 1870 du Ministère de l'instruction publique signale de nombreux abus dans la formation du traitement des instituteurs et des erreurs de calculs qui sont presque toujours au détriment du Trésor. On évitera ces erreurs en observant les règles relatives *aux traitements* qui se trouvent consignées dans l'annexe n° 3 (page 122), et en consultant le tableau qui fait suite lequel présente tous les décomptes par jour des traitements ou indemnités qui peuvent être alloués aux instituteurs et institutrices.

### § 50. **Appointements, gages et salaires des agents et préposés de l'administration municipale** (Art. 993 et 1011).

La quittance ou l'état émargé des parties prenantes, énonçant leurs noms, leur grade ou leur emploi, le montant de leurs traitements, gages ou salaires, par années et par mois ou par trimestre, les retenues pour pensions de retraites ou pensions civiles et le restant net à payer.

(Les quittances pour traitements des employés ou agents attachés au service de la commune avec un traitement annuel doivent être timbrées, si ce traitement excède 300 francs; toutes autres quittances pour salaires doivent être timbrées, s'il s'agit de sommes excédant 10 francs; les états d'émargements doivent être timbrés, à moins qu'ils ne comprennent aucun traitement excédant 300 francs.)

* Voir pour les appointements, gages et salaires les explications concernant les traitements (Annexe n° 3, page 122) ainsi que la nouvelle application de la loi du 23 août 1871 sur le timbre.

### § 51. **Taxations du receveur général sur le produit des coupes extraordinaires de bois** (Art. 357 à 965).

Extrait du décompte (Mod. n° 89), certifié par le Préfet; quittance, non timbrée du receveur général.

Nota. Les mandats délivrés au profit du receveur général doivent contenir la mention relative aux retenues prescrites par l'article 344 de l'instruction générale.

Le décompte, arrêté par le Préfet, (sur papier libre) doit présenter le montant des obligations dont la réception a été constatée et des coupes qui ont été payées comptant pendant l'année précédente à quelque époque qu'aient eu lieu les adjudications. Les remises allouées aux trésoriers généraux sont calculées à raison d'un tiers de centime par franc, et les quittances de ces remises sont exemptes de timbre, pour les sommes inférieures à dix francs.

### § 52. **Dépenses des colléges communaux** (Art. 880 et 996).

Copie, dûment certifiée, du compte rendu par le principal et faisant ressortir la perte de la gestion annuelle du collége; états de traitements certifiés par le principal, dûment émargés par les régents et portant mention des retenues pour le service des pensions civiles (Art. 344).

* Voir pour les états de traitements passibles de la retenue pour le service des pensions, annexe n° 3, page 122.

### § 53. **Pensions et secours** (Art. 980).

Mandat quittancé, certificat de vie lorsque la quittance n'est pas donnée par le titulaire, ou que le secours est payé dans une autre commune.

** Les mandats pour pensions, timbrés à dix centimes, lorsque la somme excède dix francs doivent être appuyés, pour chaque payement, d'un certificat de vie.

Les quittances relatives aux dons et souscriptions volontaires, en faveur des indigents, sont soumises au timbre (de 10 cent.) quand elles sont supérieures à 10 francs (L. du 23 août 1871, C. C. P. du 30 juillet 1867).

** La loi du 23 août 1871 a maintenu les dispositions de l'article 16 de la loi du 13 brumaire an VII qui exempte du timbre, les demandes de secours, et dispense également les quittances des *secours payés aux indigents*, ainsi que les quittances des *indemnités pour incendies, inondations, épizooties et autres cas fortuits.*

** En ce qui concerne les *secours*, la condition indispensable pour l'exemption des quittances c'est *l'indigence des parties* (C. C. P. du 14 avril 1872).

* Pour les secours aux indigents, en argent, par mandats individuels, les mandats doivent être quittancés par la signature des indigents, ou par celle de deux témoins du payement. S'il s'agit d'un mandat au nom d'une personne chargée de distribuer, on doit produire un état de distribution sur papier libre arrêté et certifié par le distributeur indiquant l'époque où a eu lieu la distribution, les noms des indigents participants, et la somme remise à chacun d'eux.

### DÉPENSES DU MATÉRIEL.

#### § 54. **Dépenses ordinaires pour achats d'objets mobiliers, denrées, matières et marchandises** (Art. 1021 à 1024).

Factures ou mémoires réglés des fournitures (T) et relatant, lorsqu'il y a lieu, les numéros sous lesquels les objets sont inscrits au catalogue ou à l'inventaire; copie, dûment certifiée et (T) lorsqu'elle est produite avec le compte final, du procès-verbal d'adjudication; soumissions, conventions et marchés, dans tous les cas où ces voies ont dû être employées, aux termes de l'ordonnance royale du 14 novembre 1837, du décret du 25 mars 1852 (§ 48 du tableau A), et des instructions du Ministère de l'intérieur, des 9 juin 1838 et 5 mai 1852; certificats de réception, décompte des livraisons (T) (Voir pour le timbre des mémoires ou factures les articles 1012 et 1013).

* Le paragraphe 54 de la nomenclature comprend, en général, toutes les dépenses qui ont pour objet l'acquisition, la conservation et l'entretien des effets mobiliers, nécessaires aux divers services de la commune.

Ces dépenses peuvent se diviser en deux catégories. : la première est celle pour laquelle un mandat suffit pour justifier le droit de la partie; la seconde est celle où la production des pièces justificatives est indispensable à l'appui des mandats.

La première catégorie comprend, les *abonnements à diverses publications*, les *indemnités, gratifications*, les *fournitures n'excédant pas 10 francs et les articles analogues*. Pour ces dépenses, le mandat seul fait titre, pourvu que sa rédaction exprime très-exactement la désignation budgétaire de la dépense, le détail des objets fournis ou des journées de travail, ainsi que la date précise du service fait pour le payement duquel le mandat est délivré (Voir pour le libellé des mandats page 37).

* Les dépenses autres que celles ci-dessus désignées forment la deuxième catégorie. Elles doivent être justifiées, indépendamment des mandats convenablement rédigés, par la production de pièces établissant le droit du créancier; ces pièces doivent toujours être visées et certifiées par l'ordonnateur (Art. 1003).

Les *frais de bureau de la Mairie*, les *frais d'entretien de la Mairie*, du *local de la justice de paix*, des *halles et marchés*, des *pavés, aqueducs, fontaines et lavoirs publics*, des *promenades et jardins publics*, des *pompes à incendie*, les *achats de livres pour les prix* et *fournitures de classes pour les indigents*, etc., etc., sont des dépenses qui se justifient, comme l'indique l'instruction générale, par les mémoires des fournisseurs ou entrepreneurs (sur timbre) établis dans la forme indiquée page 39, et dûment quittancés.

Quelques dépenses, autres que celles ci-dessus désignées, sont l'objet d'observations et de justifications particulières.

* *Loyers*. Les dépenses de cette nature se justifient par la production, dans le premier compte, d'une expédition du bail timbré et enregistré. Dans les comptes suivants, par la mention, sur le mandat, de la date et de la durée du bail, et l'indication du compte et du mandat où l'expédition timbrée se trouve jointe.

Si le bail est verbal, on ne produira pas de pièces justificatives, mais le mandat devra certifier que la location résulte d'une simple convention verbale (1).

** Les quittances, au pied des mandats, sont assujetties au timbre de dix centimes (C. C. P. du 14 avril 1872).

* *Assurances contre l'incendie*. A l'appui du premier compte, on doit produire la copie dûment *timbrée* et *approuvée* de la police d'assurance et de la copie sur papier libre de la délibération du

(1) Les locations verbales devront être appuyées d'un extrait constatant qu'elles ont été enregistrées (L. du 23 août 1871, § 11).

Conseil municipal ayant statué sur la police d'assurance, conformément aux prescriptions de la loi du 24 juillet 1867, article 1er, § 7.

Les années suivantes, il suffit de rappeler, sur le mandat, le numéro de la police en mentionnant l'année du compte et du mandat où la pièce primitive a été annexée.

* *Éclairage.* Cette dépense se justifie, pour la première fois, par la copie *sur timbre*, mentionnant la formule de l'enregistrement du marché passé avec l'entrepreneur, appuyé des décomptes périodiques de l'éclairage fourni, dressé par l'entrepreneur d'après les bases de la convention, certifiée par lui, visée et arrêtée par le Maire.

Si le service était fait en régie, la dépense serait justifiée par les mémoires des fournisseurs en la forme indiquée page 39.

* *Chauffage et balayage.* Mêmes justifications suivant le cas où ce service est à l'entreprise ou en régie.

* *Frais de bureau et d'impression.* Diverses instructions ministérielles, ont fait connaître les dispositions concernant le service des cotisations municipales relativement aux impressions dont la dépense est à la charge de la commune.

Les receveurs pouvant avoir intérêt à connaître la nomenclature des imprimés qui doivent être payés par les communes, elle a été insérée ci-après.

Les communes doivent supporter les frais d'impression :

Des frais de tenue des assemblées électorales pour l'élection des membres de l'Assemblée nationale, des membres des Conseils généraux, des Conseils d'arrondissement et Conseils municipaux, des membres des Tribunaux de commerce et Conseils de prud'hommes, des Chambres consultatives des arts et manufactures (L. du 7 août 1850);

Des formules de tous les procès-verbaux d'élection et de toutes les listes de scrutin (C. Int. du 5 août 1863);

Des tableaux statistiques de toute espèce, concernant l'agriculture, les octrois, le mouvement des hôpitaux, etc., et généralement tous les travaux qui présentent à la fois un caractère d'utilité publique et d'intérêt communal (*id.*);

Des cadres de délibération à l'usage des Conseils municipaux (*id.*);

Des registres à tenir dans les mairies ou dans les préfectures, en exécution de la loi du 22 juin 1854 et du décret du 30 avril 1855 sur les livrets d'ouvriers (*id.*);

D'un certain nombre de livrets d'ouvriers proportionné aux besoins de la commune (*id.*);

Des imprimés relatifs à l'établissement et au recouvrement de la taxe municipale sur les chiens (*id.*);

Des frais d'impression des cartes d'électeurs pour les élections municipales (C. Int. du 8 octobre 1871);

Aux termes de l'instruction générale (art. 1524, 1525 et 1548), tous les imprimés des registres et cadres en blanc, qui sont fournis aux receveurs des communes et des établissements de bienfaisance, par l'entremise des receveurs des finances sont payés par ces derniers sur leurs fonds personnels, et remboursés par les receveurs auxquels ils sont destinés.

** La nomenclature annexée à la circulaire de la comptabilité publique du 1er décembre 1865 indique les imprimés à l'usage des receveurs des communes et établissements de bienfaisance, et dont la dépense est à leur charge. Pour obtenir l'exonération des frais d'impression à leur charge, et autoriser le payement de ces dépenses sur les fonds de la commune ou de l'établissement, les receveurs doivent produire une délibération du Conseil municipal, ou de la commission administrative dûment approuvée par l'autorité compétente, *renouvelée* chaque année, et restreinte aux imprimés relatifs aux écritures des comptables et à la formation de leurs comptes de gestion (1).

(1) *Nomenclature des imprimés à l'usage des receveurs de communes et d'établissements de bienfaisance et dont la dépense est à leur charge.*

| NUMÉROS DES MODÈLES de l'Instruction générale du 20 juin 1859. | |
|---|---|
| 301 | Livre des comptes divers par service. |
| 322 | Journal général (Receveurs spéciaux). |
| 323 | Grand livre (Receveurs spéciaux). |
| 324 | Balance des comptes du grand livre (Receveurs spéciaux). |
| 296 | Carnet des ordonnances de dégrèvement sur contributions directes et sur produits communaux. |
| 297 | Livre de détail des recettes et dépenses pour commune. |
| | ———— bureau de bienfaisance. |
| | ———— hospice. |
| 298 | Livre de détail des recettes et dépenses de l'octroi. |

*Frais de perception des centimes communaux.*

* Les remises allouées aux percepteurs pour le recouvrement des impositions communales, et les rétributions de 12 centimes allouées

| NUMÉROS DES MODÈLES de l'Instruction générale du 20 juin 1859. | |
|---|---|
| 300 | Livre de détail des recettes et dépenses pour la réparation des chemins vicinaux. |
| 302 | Carnet des rentes et créances à recouvrer pour le compte d'hospices et d'établissements de bienfaisance situés hors de l'arrondissement de perception. |
| 303 | Carnet des titres de recettes appartenant au service municipal, et des dépenses à payer en plusieurs années pour le même service. |
| | Livre de détail pour les recettes et dépenses de la rétribution scolaire. |
| Circulaire du 2 octobre 1855. | Livre de détail pour la taxe sur les chiens. |
| 308 | Bordereau de situation sommaire. |
| 310 | État annexe au bordereau de situation sommaire au 31 décembre. |
| 320 | État de situation au 31 mars. |
| 254 | Décompte des remises à allouer au receveur municipal. |
| 304 | Note de renseignements à annexer à chaque titre de recette des communes et établissements publics. |
| 309 | Bordereau détaillé des recettes et dépenses. |
| 311 | Procès-verbal de clôture des registres au 31 décembre. |
| 94 | Bordereau trimestriel des sommes acquittées et des retenues acquises au Trésor sur émoluments des instituteurs. |
| 226 | Extrait détaillé du rôle de prestations à acquitter en nature. |
| 227 | ——— à acquitter en argent. |
| 230 | État des taxes indûment imposées (Prestations pour chemins vicinaux et taxe municipale sur les chiens). |
| 232 | État des taxes irrecouvrables. *Idem.* |
| 9 3e vol. Annexes, page 473. | État des cotes indûment imposées concernant la rétribution scolaire. |
| 10 3e vol. Annexes, page 475. | État des cotes irrecouvrables imposées concernant la rétribution scolaire. |
| Circulaire du 29 juin 1856. | Décompte des remises pour la confection de l'état-matrice de la taxe sur les chiens. |
| 313 314 | Comptes de gestion. |
| 219 | États des restes à payer à la clôture de l'exercice. |
| 218 | États des restes à recouvrer à la clôture de l'exercice. |
| 223 | État des propriétés, rentes et créances. |
| 223 | État annexe à l'état des propriétés expliquant la différence d'un même produit entre deux exercices. |
| 315 | Décompte à établir pour les ventes et cessions d'immeubles communaux. |
| 316 | Décompte pour l'acquisition d'immeubles communaux. |
| 317 | Décompte pour les constructions et grosses réparations. |
| 318 | État présentant l'extrait des titres de perception connus au 31 décembre à produire à l'appui de la recette de la deuxième partie du compte. |
| | État des redevables à poursuivre par voie de garnison collective ou de commandement en matière de produits communaux assimilés aux contributions directes. |

pour leur concours à la confection de l'état matrice de la taxe municipale sur les chiens sont passibles, de la retenue sur les trois quarts de leurs émoluments pour le service des pensions civiles.

Le mandat doit faire mention de cette retenue, et être timbré à 10 centimes toutes les fois que la somme qui s'y trouve portée excède 10 francs.

* *Rétribution du percepteur pour la formation de l'état-matrice de la taxe sur les chiens.* A l'appui du mandat *timbré à 10 centimes* si la somme excède 10 francs, on doit produire un état indiquant le nombre d'articles du rôle, la rétribution de 12 cent. par article, le montant total de l'indemnité, ledit état dressé par le percepteur et visé par le Maire.

§ **55. Échanges et acquisitions de propriétés immobilières, et par voie d'amiable composition et de consentement volontaire, d'après les règles du droit commun** (Art. 1018).

1° Ampliation de l'arrêté du Préfet, autorisant l'acquisition ou l'échange, en vertu de la loi du 18 juillet 1837 (art. 16) et du décret du 25 mars 1852 (§ 41 du tableau A);

2° Copie certifiée du contrat (T), lorsqu'il est produit avec le compte final, non timbrée lorsqu'il s'agit d'une justification provisoire, ladite copie portant mention de la transcription;

3° Certificat (T) du conservateur, délivré après la transcription et constatant la non-existence d'inscriptions ou la radiation de celles qui existaient;

4° Décompte, en principal et intérêts, du prix d'acquisition (Mod. n° 316).

Et pour établir la purge des hypothèques légales :

1° Certificat du greffier du tribunal civil constatant le dépôt et l'affiche du contrat au greffe pendant deux mois (T);

2° Copie de la signification de ce dépôt au procureur impérial et aux parties désignées en l'article 2194 du Code Napoléon (T);

3° Journal ou feuille d'annonces dans lequel a été publiée la signification faite au procureur impérial;

4° Certificat du conservateur constatant que, dans le délai de deux mois, il n'a été pris aucune inscription sur les immeubles vendus (T).

Le Maire de la commune, autorisé à cet effet par délibération du Conseil municipal, approuvée par le Préfet, peut se dispenser de remplir les formalités de la transcription et de la purge, lorsqu'il s'agit d'acquisitions d'immeubles faites de gré à gré et dont le prix n'excède pas 100 francs.

Toutefois, il doit être produit, dans ce cas, une copie ou un extrait (T) de l'état présentant, avec la situation et la contenance des immeubles, les noms et prénoms des vendeurs, et sur lequel le conservateur aura porté la mention qu'il existe ou non des inscriptions. Il est dû au conservateur le salaire d'un franc pour chaque article (Circulaire du Ministre de l'intérieur des 28 octobre 1836 et 30 avril 1842; ordonnance royale du 18 avril 1849).

* Le nouveau règlement du Ministère des finances en date du

26 décembre 1866, intervenu pour l'exécution du décret du 31 mai 1862, ayant modifié les justifications à produre à l'appui des dépenses résultant d'acquisitions de propriétés immobilières d'après les règles du droit commun, on peut considérer comme soumises aux mêmes règles les dépenses de même nature du service communal. Les justifications indiquées ci-après, comme devant être produites dans la comptabilité des communes et des établissements de bienfaisance, ont été mises en harmonie avec celles connues sous le nom de *Justifications communes*, insérées pages 123 à 130 du règlement des finances.

IMMEUBLES APPARTENANT A DES PERSONNES CAPABLES.

**1.** *Ampliation de l'acte* qui a autorisé l'acquisition ou l'échange, savoir :

*Délibération du Conseil municipal,* si la dépense, totalisée avec celle des autres acquisitions déjà votées dans le même exercice, ne dépasse pas le dixième des revenus ordinaires (L. du 24 juillet 1867, art. 1$^{er}$, § 1$^{er}$).

*Arrêté approbatif du Préfet,* pris en Conseil de préfecture, si la dépense totalisée avec celle des autres acquisitions déjà votées dans le même exercice, dépasse le dixième des revenus ordinaires.

**2.** *Copie certifiée timbrée* du titre constatant l'acquisition et la transmission de la propriété, transcrite au bureau des hypothèques. Les copies produites doivent relater textuellement la transcription et la mention de l'enregistrement.

**3.** Les justifications constatant la purge des priviléges et hypothèques et des droits réels transcrits en vertu de la loi du 23 mars 1855 (1), savoir :

1° *Certificat timbré négatif* (2) délivré après transcription par

(1) Si le prix d'acquisition est inférieur à 500 francs, une délibération du Conseil municipal, approuvée par le Préfet, peut autoriser le payement du prix entre les mains du vendeur, sans qu'il soit nécessaire de procéder à la purge des hypothèques inscrites ou non inscrites (D. du 14 juillet 1866). Dans ce cas il n'y a pas lieu de produire les pièces mentionnées sous les numeros 3 et 4 (C. C. P. du 30 septembre 1872, § 4).

(2) Les inscriptions, dont la non-existence ou la radiation doit être justifiée sont exclusivement celles qui intéressent les tiers, c'est-à-dire celles dont l'immeuble se trouve grevé du chef du vendeur ou des précédents propriétaires. La radiation de l'inscription prise au profit du vendeur qui a traité avec la commune n'a pas besoin d'être justifiée; cette inscription devient sans effet et sans cause par le seul fait de la délibération de la commune (C. C. P. du 30 juillet 1867, § 1$^{er}$).

le conservateur des hypothèques, relatant expressément qu'il s'applique aux mentions et transcriptions désignées par les articles 1 et 2 de ladite loi;

Ou, *s'il y a lieu, état timbré* des inscriptions, et, en outre, des dites transcriptions et mentions (1).

Dans le cas où lesdits certificats ou états ne seraient pas délivrés quarante-cinq jours, au moins après la date de l'acte de vente :

2° *Certificat timbré* du conservateur constatant qu'il n'existe pas d'inscriptions prises pour la conservation du privilége spécial mentionné par l'article 6 de ladite loi,

Ou, *s'il y a lieu, état timbré* des inscriptions prises pour cet objet.

Dans le cas où il existerait des inscriptions, si le montant du prix n'est pas versé à la caisse des consignations :

3° *Certificat timbré* de radiation desdites inscriptions, délivré par le conservateur des hypothèques (2).

**4.** Les justifications constatant la purge des *hypothèques légales* (3) dispensées d'inscriptions (art. 2194 du Code Napoléon), savoir :

1° *Certificat timbré* du greffier du tribunal constatant le dépôt de l'acte d'acquisition, après la transcription, et son affichage au greffe pendant deux mois;

2° *Exploit timbré* de notification de ce dépôt au Procureur de la République et aux parties intéressées;

3° *Exemplaire* certifié de la feuille d'annonces judiciaires dans laquelle a été inséré l'exploit de notification;

4° *Certificat timbré* du conservateur des hypothèques, constatant que, depuis la délivrance du *certificat négatif*, jusqu'à l'expiration du délai de deux mois à dater de l'insertion de l'exploit dans la feuille d'annonces, il n'a été pris aucune inscription sur l'immeuble vendu,

Ou, *s'il y a lieu, état des inscriptions.*

(1) L'état des inscriptions ou le certificat négatif doivent énoncer formellement qu'il n'y a pas d'inscription au profit du Crédit foncier (D. du 28 février 1852, art. 47).

(2) Le payement peut être fait sur la production d'une quittance notariée portant mainlevée des inscriptions; cette pièce est produite à défaut de certificat de radiation.

(3) En cas d'acquisition *sur saisie immobilière*, il n'y a pas lieu de procéder à la purge des hypothèques légales (Art. 777 du Code de procédure civile).

Dans le cas où il existerait des inscriptions, si le montant du prix n'est pas versé à la caisse des consignations :

5° *Certificat timbré* de radiation desdites inscriptions, délivré par le conservateur des hypothèques.

Nota. Toutes les justifications concernant la purge des hypothèques et des hypothèques légales (nos **3** et **4**) sont produites en original.

**5.** *Décompte* de liquidation en principal et intérêts du prix d'acquisition (Mod. 316 de l'Inst. gén.).

**6.** *Quittance timbrée à 10 centimes* de l'ayant droit.

Si le montant du prix d'acquisition est versé à la caisse des consignations par suite d'inscription :

On produira les justifications ci-dessus à l'exception du certificat de radiation **3**, n° 3°, et **4**, n° 5°, et de la quittance de l'ayant droit **6**.

*Et de plus :*

**7.** *Arrêté du Maire* prescrivant la consignation en énonçant les motifs, et, si elle a pour cause l'existence d'inscriptions hypothécaires, visant la date de la délivrance des états d'inscriptions;

**8.** *Récépissé* du préposé de la caisse des dépôts et consignations.

### IMMEUBLES APPARTENANT A DES MINEURS, INTERDITS, ABSENTS OU INCAPABLES.

Si la propriété appartient à des *mineurs, interdits, absents,* il y a lieu de produire, indépendamment des justifications indiquées ci-dessus,

**9.** *L'expédition timbrée* du jugement autorisant la vente;

**10.** La justification du *remploi* dans le cas où cette mesure serait prescrite par le jugement et où l'acquéreur en serait responsable.

### IMMEUBLES APPARTENANT A DES FEMMES MARIÉES.

Les mêmes justifications que celles sous les numéros **1**, **2**, **3**, **4**, **5**, **7** et **8**.

*Et de plus :*

**11.** *Acte de mariage*;

Dans le cas où le mariage est postérieur à la loi du 10 juillet 1850 et où l'acte contient déclaration du contrat:

**12.** *Extrait du contrat de mariage*, à l'effet de faire connaître le régime sous lequel les époux sont mariés et les dispositions relatives au remploi.

Dans le cas où le mariage est antérieur à la loi précitée :

*Extrait du contrat*, aux effets ci-dessus, ou *certificat* du fonctionnaire qui a passé l'acte de vente, constatant que les époux ont déclaré s'être mariés sans contrat, quand l'acte de vente ne l'énonce pas;

**13.** *Acquits timbrés* de la femme et du mari, ou, à défaut de l'acquit du mari, *autorisation* du tribunal.

Dans le cas où l'aliénation ne pourrait avoir lieu qu'en vertu de jugement :

**14.** *Expédition timbrée* du jugement autorisant la vente;

Dans tous les cas où le remploi est prescrit, soit par le contrat de mariage, soit par un jugement, et où l'acquéreur en est responsable :

**15.** La justification *du remploi*.

IMMEUBLES APPARTENANT A DES DÉPARTEMENTS, DES COMMUNES OU DES ÉTABLISSEMENTS PUBLICS.

Les justifications mentionnées sous les numéros **1**, **2**, **3**, **5**, **6**, **7** et **8**.

*Et de plus :*

**16.** *Délibération* dûment approuvée, s'il y a lieu, du Conseil général, du Conseil municipal ou de la commission administrative qui a autorisé la vente.

(Les justifications indiquées sous le numéro **4** seront produites, s'il pouvait exister des hypothèques légales du chef des précédents propriétaires.)

### § 56. **Acquisitions d'immeubles par application de la loi du 3 mai 1841 sur l'expropriation pour cause d'utilité publique** (Art. 1018 et 1019).

En cas de *convention amiable*, 1° extrait du décret qui a déterminé les propriétés particulières auxquelles l'expropriation était applicable; 2° certificat du Maire constatant que les publications et affiches prescrites par l'article 6 de la loi du 3 mai 1841 ont eu lieu, et le numéro du journal où l'insertion a été faite; 3° copie de l'acte de vente mentionnant les déclarations et annotations du conservateur des hypothèques qui a opéré la transcription; 4° certificat du Maire, délivré huit jours au moins après les publications ci-dessus mentionnées, et constatant qu'aucun tiers ne s'est fait connaître comme intéressé au règlement de l'indemnité; 5° certificat du conservateur, délivré quinze jours après la transcription, et indiquant s'il existe ou non, des inscriptions sur les propriétaires ou usufruitiers désignés au contrat d'acquisition.

En cas *d'expropriation*, 1° copie ou extrait du jugement d'expropriation mentionnant textuellement la transcription et énonçant la date de la notification; 2° extrait de la feuille d'annonces et certificat du Maire constatant que les publications et affiches prescrites par l'article 6 de la loi du 3 mai 1841 ont eu lieu; 3° certificat du conservateur des hypothèques constatant qu'après la transcription du jugement il n'existait aucune inscription sur les immeubles expropriés et, dans le cas contraire, l'état des inscriptions ou le certificat qui en tient lieu; 4° certificat du Maire délivré huit jours au moins après les publications ci-dessus mentionnées et constatant qu'aucun tiers ne s'est fait connaître comme intéressé au règlement de l'indemnité; 5° Si les offres faites par l'administration municipale, conformément à l'article 23 de la loi du 3 mai 1841, ont été acceptées, copie du contrat contenant règlement de l'indemnité; dans le cas contraire, copie ou extrait de la décision du jury portant fixation de l'indemnité d'expropriation; 6° si conformément à l'article 53 de la même loi (1), il a été fait des offres réelles, une expédition de l'arrêté du Maire ordonnant et motivant lesdites offres ainsi que la consignation qui doit les suivre à défaut d'acceptation régulière; le procès-verbal d'offres constatant le refus de l'ayant droit ou, dans le cas d'acceptation, le payement de la somme due, indépendamment de l'acquit mis pour ordre au bas du mandat du Maire, et lorsque la consignation a eu lieu, le procès-verbal de consignation et le récépissé du receveur des finances (Voir art. 1019 de l'Instruction).

A l'égard de la purge, voir l'avant-dernier alinéa du § 54 précédent, sauf que la limite de dispense est portée à 500 francs, quand il s'agit d'acquisitions faites en vertu de la loi du 3 mai 1841, sur l'expropriation pour cause d'utilité publique.

NOTA. Toutes les pièces sont exemptes du droit de timbre; mais celles qui, dans les cas ordinaires, y seraient sujettes, doivent être visées pour timbre gratis.

* Comme pour les acquisitions ordinaires, on a indiqué ci-après les justifications à produire à l'appui des acquisitions d'immeubles par application de la loi du 3 mai 1841 sur l'expropriation pour cause d'utilité publique, résultant de la nomenclature du nouveau règlement du Ministère des finances.

### IMMEUBLES APPARTENANT A DES PERSONNES CAPABLES.

Expropriations lorsqu'il n'y a pas prise de possession pour cause d'urgence.

ART. 1er. *En cas de conventions amiables.*

1° *Arrêté du Préfet* pris après l'accomplissement des formalités prescrites par les articles 4 à 10 de la loi du 3 mai 1841 relatant la date du décret (art. 2 et 3 de la loi du 3 mai 1841, L. du 27 juillet 1870) qui a déclaré l'utilité publique, et déterminant les propriétés particulières auxquelles l'expropriation est applicable (Article 11 de la loi précitée);

(1) La faculté donnée par cet article d'offrir un mandat au lieu de numéraire n'existe pas pour les communes.

2° *Acte* qui a autorisé l'acquisition, conformément aux règles posées par la loi du 24 juillet 1867 (Art. 1^er^, § 1^er^);

3° *Expédition timbrée* du contrat notarié ou administratif enregistré, transcrit au bureau des hypothèques de l'arrondissement, après l'accomplissement des formalités de publication (Voir pour la purge page 51);

4° *Certificat du Maire* constatant que le jugement a été publié et affiché, conformément à l'article 15 de la loi du 3 mai 1841, et suivant les formes prescrites par l'article 6;

5° *Exemplaire* certifié de la feuille d'annonces judiciaires où l'insertion a été faite.

Nota. Les formalités d'insertion de publication doivent avoir été remplies antérieurement à la transcription, à peine de nullité de ladite transcription;

6° *Certificat négatif timbré* ou *état timbré* des inscriptions, délivré par le conservateur des hypothèques quinze jours au moins après la transcription.

Dans le cas où il existe des inscriptions, et, si le montant du prix n'est pas versé à la caisse des consignations :

7° *Certificat timbré* de radiation délivré par le conservateur des hypothèques;

8° *Certificat du Maire* délivré huit jours au moins après les publications et affiches, et constatant qu'aucun tiers ne s'est fait connaître comme intéressé au règlement de l'indemnité (Art. 21);

9° *Décompte* en principal et intérêts du prix d'acquisition;

10° *Quittance timbrée à 10 centimes* de l'ayant droit;

Si le montant de l'indemnité est versé à la caisse des dépôts et consignations :

Les pièces ci-dessus à l'exception de la quittance de l'ayant droit.

*Et de plus :*

11° *Arrêté du Maire* prescrivant la consignation, ledit arrêté visant la date de la délivrance par le conservateur de l'état d'inscriptions si la consignation a pour cause l'existence d'inscriptions hypothécaires;

12° *Récépissé* du préposé de la caisse des dépôts et consignations.

Art. 2. *En cas de jugement d'expropriation, si l'indemnité est réglée à l'amiable.*

1° *Copie ou extrait du jugement d'expropriation timbrée* relatant textuellement la mention de la transcription et énonçant la date de la notification;

2° *Certificat du Maire* constatant que le jugement a été publié et affiché, conformément à l'article 15 de la loi du 3 mai, 1841 et suivant les formes prescrites par l'article 6 de ladite loi;

3° *Exemplaire* de la feuille d'annonces où l'insertion a été faite;

4° *Convention timbrée* dûment approuvée contenant règlement de l'indemnité;

*Et de plus :*

Les justifications mentionnées sous les numéros 6, 7, 8, 9, 10 et 11 de l'article 1er, comme en cas de conventions amiables.

Art. 3. *Si l'indemnité est réglée par le jury.*

Mêmes justifications qu'à l'article 2 moins les numéros 5, 8 et 9 de l'article 1er;

*Et de plus :*

1° *Décision du jury* rendue exécutoire par le magistrat directeur, contenant règlement de l'indemnité, et (s'il y a lieu), répartition des dépens;

2° *Décompte* en principal et intérêts du prix d'acquisition, portant (s'il y a lieu) déduction de la portion des dépens mise à la charge du vendeur.

Art. 4. *Prise de possession, pour cause d'urgence, de terrains non bâtis. Consignations provisoires dans le cas de prise de possession pour cause d'urgence.*

Les justifications indiquées aux numéros 1, 2 et 3 de l'article 2.

*Et de plus :*

4° *Extrait ou mention* du décret qui déclare l'urgence;

5° *Jugement* qui fixe le montant de la somme à consigner par l'expropriant;

6° *Arrêté du Maire* motivant et prescrivant la consignation provisoire;

7° Récépissé du préposé de la caisse des dépôts.

Art. 5. *Payement du complément dans le cas où la consignation est inférieure au montant de l'indemnité.*

1° *Indication* du mandat auquel copie ou extrait du jugement d'expropriation a été joint au moment de la consignation provisoire;

2° *Décision* du jury réglant le chiffre de l'indemnité;

3° *Décompte* en principal et intérêts du prix d'acquisition, portant (*s'il y a lieu*) déduction des dépens mis à la charge des vendeurs; les intérêts courent du jour où l'administration est entrée en possession;

4° *Arrêté du Maire*, déterminant le solde à consigner, en ordonnant la consignation ainsi que la conversion de la consignation provisoire en consignation définitive.

(Cet arrêté doit expliquer si la consignation est faite à la charge ou non, d'inscriptions hypothécaires, et s'il existe ou non, d'autres obstacles au payement entre les mains du propriétaire dépossédé; il doit relater, en outre, la date du certificat négatif, ou de l'état des inscriptions, délivré par le conservateur des hypothèques. Le certificat ou l'état lui-même est remis à la caisse des dépôts.)

5° *Déclaration* de l'agent de la caisse des consignations, constatant la conversion de la consignation provisoire en consignation définitive;

6° *Récépissé* de l'agent de la caisse des consignations pour le complément du prix.

IMMEUBLES APPARTENANT A DES MINEURS, INTERDITS, ABSENTS OU INCAPABLES OU FAISANT PARTIE DE MAJORATS.

Si la propriété appartient à des *mineurs, interdits, absents ou incapables, ou faisant partie de majorats*, il y a lieu de produire, indépendamment des justifications indiquées ci-dessus :

1° *Jugement* autorisant la cession ou la convention amiable conformément aux articles 13 et 25 de la loi du 3 mai 1841 ;

2° *Justification* du remploi, dans le cas où cette mesure serait prescrite, soit par le jugement qui a autorisé la cession amiable, soit par un autre jugement.

IMMEUBLES APPARTENANT A DES FEMMES MARIÉES.

Les justifications désignées aux articles 1, 2, 3, 4 et 5 ci-dessus, suivant le cas, et celles indiquées sous les numéros 11, 12, 13, 14 et 15 pour les acquisitions de droit commun (page 53).

Nota. Pour les immeubles appartenant à des femmes mariées et dont la valeur en capital est inférieure à 500 francs, la production du contrat de mariage n'est pas exigée, et, lors même que les femmes sont mariées sous le régime dotal, le payement peut être fait sans justification de remploi.

Aux termes de l'article 1er du décret du 14 juillet 1866, les Maires des communes autorisées à cet effet par délibération des Conseils municipaux, approuvées par le Préfet, peuvent se dispenser de remplir les formalités de purge des hypothèques pour les acquisitions d'immeubles faites de gré à gré et dont le prix n'excède pas 500 francs.

Quand les communes deviennent propriétaires d'immeubles, en vertu de la loi de 1841, elles ont le droit, en se soumettant aux conditions du décret du 14 juillet 1866, d'user de la faculté *de ne pas faire transcrire leur contrat d'acquisition* (C. int. du 29 avril 1869).

La Cour des comptes a remarqué que, dans le cas de cession amiable à la suite d'expropriation pour cause d'utilité publique, il était quelquefois procédé à l'accomplissement des formalités de purge hypothécaire suivant le droit commun, au lieu de l'être selon les termes de la loi du 3 mai 1841.

La Cour pense que, hors le cas de la dispense prévue par le § 2 de l'article 19 de la loi du 3 mai 1841, le payement des indemnités ne peut être régulièrement effectué qu'après qu'il a été justifié de l'accomplissement des formalités et des délais prescrits par la loi spéciale précitée, et qu'il ne saurait être suppléé à ces formalités par la purge hypothécaire de droit commun, qui s'opère dans d'autres conditions et dans un autre but, selon les formes tracées par les articles 2181 et suivants du Code civil et par la loi du 23 mars 1855 (C. C. P. du 16 juillet 1874).

### INDEMNITÉS MOBILIÈRES, LOCATIVES OU INDUSTRIELLES, INDEMNITÉS ACCESSOIRES EN CAS D'EXPROPRIATION.

En cas de convention amiable :

1° *Convention timbrée* dûment approuvée;

2° *Quittance timbrée à 10 centimes* de l'ayant droit;

En cas de règlement par le jury :

1° *Décision du Jury* fixant le chiffre de l'indemnité, suivie de l'ordonnance d'exécution rendue par le magistrat directeur et (*s'il y a lieu*) répartition des dépens;

2° *Quittance timbrée à* 10 *centimes* de l'ayant droit.

§ **57. Acquisitions d'immeubles par application des articles 15 et 16 de la loi du 21 mai 1836 sur les chemins vicinaux** (Art. 892, 1018 et 1019).

Ampliation de l'arrêté préfectoral qui prescrit l'élargissement, l'ouverture ou le redressement des chemins et, en outre, selon le cas, les pièces suivantes : 1° l'acte de cession amiable ou la décision du juge de paix ou du tribunal civil, en matière d'*ouverture* et de *redressement*, extrait du jugement d'expropriation et de la décision du jury fixant le chiffre de l'indemnité (art. 16 de la loi); 2° quant à la purge des hypothèques, les pièces prescrites par le § 55, si l'on a procédé suivant le droit commun, et par le § 56 pour les autres cas d'expropriation, ou délibération du Conseil municipal, dûment approuvée, qui dispense de la purge si le prix n'excède pas 100 francs en matière d'*élargissement*, et 500 francs en matière d'*ouverture* et de *redressement* (Ordonnance royale du 18 avril 1842; circulaire du Ministre de l'intérieur du 30 du même mois; règlement sur les chemins vicinaux du 21 juillet 1854, art. 215).

Les dispositions concernant les paragraphes 57 et 64 de la nomenclature jointe à l'article 1542 de l'Instruction générale ont été modifiées par le règlement du Ministère de l'intérieur en date du 6 décembre 1870.

Les dépenses des chemins vicinaux se justifient de la manière suivante :

*Prestations en nature.*

Extrait du rôle établissant le relevé des journées ou des tâches effectuées en nature, émargé par le surveillant des travaux, certifié par l'agent voyer cantonal, visé par l'agent voyer d'arrondissement et revêtu de l'attestation du Maire constatant que les travaux ont été accomplis.

*Travaux en régie.*

Autorisation du Préfet de faire les travaux en régie, si les travaux à exécuter sur un même chemin s'élèvent à plus de 300 francs.

Et selon le cas :

S'il y a un entrepreneur à la tâche, l'état timbré de ses travaux ou fournitures, certifié par lui et par l'agent voyer cantonal, visé par l'agent voyer d'arrondissement.

S'il n'y a que des fournisseurs et ouvriers employés sous la surveillance du Maire ou d'un agent voyer : 1° les mémoires ou factures timbrés certifiés par les fournisseurs, par l'agent voyer cantonal et visés par l'agent voyer d'arrondissement; 2° les états nominatifs des journées d'ouvriers dûment émargés pour acquit par la signature des ouvriers ou par celle de deux témoins du payement, certifiés par l'agent voyer cantonal et visés par l'agent voyer d'arrondissement; lesdits états devront indiquer distinctement, pour chaque ouvrier, le lieu des travaux, le nombre des journées de chacun, leur prix et le total revenant à chaque ouvrier. Les avances faites à un régisseur seront justifiées par lui suivant le cas, par les pièces ci-dessus indiquées; à l'appui du premier payement, on produira, en outre, copie de l'arrêté du Maire nommant le régisseur.

*Travaux à exécuter en vertu d'adjudication ou de marché de gré à gré.*

A l'appui du premier à-compte, décision approbative des travaux; copie ou extrait du procès-verbal d'adjudication ou du marché, non timbré, mais avec mention que l'expédition timbrée sera fournie avec le mandat pour solde. Justification de la réalisation du cautionnement par le récépissé du receveur municipal, ou une déclaration de versement, et, suivant le cas, déclaration du Maire, approuvée par le Préfet, constatant qu'il n'y a pas lieu d'exiger ce cautionnement. Certificat timbré de l'agent voyer cantonal, visé par l'agent voyer d'arrondissement et le Maire, constatant l'avancement des travaux et le montant de la somme à payer.

Pour les à-compte subséquents, certificat timbré de l'agent voyer cantonal, visé par l'agent voyer d'arrondissement, rappelant les sommes payées antérieurement et le montant du nouveau mandat à payer.

Quant au solde des travaux, expédition en due forme du procès-verbal d'adjudication ou du marché timbré; devis estimatif timbré (1); bordereau des prix; procès-verbal de réception définitive timbré et décompte général timbré, dressés par l'agent voyer d'arrondissement.

Dans le cas d'adjudication à prix ferme, il n'est pas nécessaire de produire un décompte général, mais le procès-verbal de réception définitive seulement.

(1) La soumission tiendra lieu du devis lorsqu'elle énoncera les quantités, les prix et les conditions d'exécution des ouvrages.

*Indemnités relatives aux acquisitions de terrains.*

Dans tous les cas, la décision ou le décret qui prescrit l'élargissement, l'ouverture ou le redressement, et déclare les travaux d'utilité publique;

Et :

I. *S'il y a eu cession amiable par les propriétaires :*

1° Délibération du Conseil municipal autorisant l'acquisition, approuvée par le Préfet en Conseil de préfecture.

Expédition ou extrait de l'acte de cession amiable relatant la transcription, indiquant les précédents propriétaires et constatant que le vendeur a produit les titres qui établissent sa possession;

2° Pièces constatant la purge des hypothèques, cest-à-dire le certificat de publication et affiches de l'acte, et le numéro du journal de l'arrondissement dans lequel l'insertion a été faite. Les publications et l'insertion devront toujours précéder la transcription;

3° Certificat du conservateur des hypothèques, délivré à l'expiration de la quinzaine de la transcription;

Lorsque l'indemnité ne dépassera pas 500 francs, les pièces relatives à la purge des hypothèques et le certificat du conservateur pourront être remplacés par une délibération du Conseil municipal approuvée par le Préfet, dispensant le Maire de faire remplir les formalités de la purge des hypothèques; en outre, l'acte pourra ne pas indiquer les précédents propriétaires et ne pas être soumis à la transcription (L. du 3 mai 1841, art. 19; ord. du 18 avril 1842);

4° Certificat de payement de l'agent voyer cantonal visé par l'agent voyer d'arrondissement.

II. *S'il n'y a pas eu cession amiable par les propriétaires, les pièces indiquées dans le cas précédent, sauf les modifications suivantes :*

En matière d'élargissement au moyen de terrains non bâtis ni clos de murs :

1° L'expédition ou l'extrait de l'acte de cession amiable sera remplacé par une expédition de la décision du juge de paix fixant le chiffre de l'indemnité ou par le jugement du tribunal civil, s'il y a eu appel de la sentence du juge de paix; la décision qui prescrit l'élargissement sera seule soumise à la transcription. Si la valeur des terrains ne dépasse pas 500 francs, le Conseil municipal pourra, en vertu du décret du 14 juillet 1866, et avec l'approbation du

Préfet, dispenser de l'accomplissement des formalités de purge des hypothèques. S'il s'agit de terrains bâtis dont l'acquisition a lieu en vertu d'une déclaration d'utilité publique, l'expédition ou l'extrait de l'acte de cession amiable sera remplacé par une copie ou un extrait de la décision du jury portant fixation de l'indemnité. De plus, le Conseil municipal pourra dispenser des formalités de purge et de transcription en ce qui touche le jugement d'expropriation, seul acte qui devrait être transcrit;

2° Dans le cas où il n'y a pas dispense de purge en ce qui concerne les terrains non bâtis ni clos de murs, on produira les pièces constatant que la purge a eu lieu conformément aux dispositions du Code civil.

En matière d'ouverture ou de redressement, l'expédition de l'acte de cession amiable sera remplacée par les pièces ci-après :

1° Copie ou extrait du jugement d'expropriation relatant textuellement la transcription;

2° Certificat du Maire constatant que le jugement a été *notifié, publié et affiché*, et indiquant les époques de l'accomplissement de ces formalités;

3° Le numéro du journal dans lequel le jugement aura été inséré par extrait.

La transcription devra toujours être postérieure aux formalités de notification, de publication, d'affiche et d'insertion;

4° Certificat du conservateur des hypothèques, délivré après l'expiration du délai de quinzaine de la transcription du jugement;

Lorsque la valeur des terrains ne dépasse pas 500 francs, les pièces relatives à la purge des hypothèques pourront être remplacées par une délibération du Conseil municipal approuvée par le Préfet, dispensant le Maire de faire remplir les formalités de purge des hypothèques; en outre, le jugement d'expropriation pourra ne pas être soumis à la transcription (L. du 3 mai 1841, art. 19; ord. du 18 avril 1842);

5° Copie ou extrait de la décision du jury portant fixation de l'indemnité d'expropriation;

6° Certificat du Maire constatant que dans les huit jours qui ont suivi l'avertissement donné en exécution de l'article 21 de la loi du 3 mai 1841, aucun tiers ne s'est fait connaître comme intéressé au règlement de l'indemnité, ou, dans le cas contraire, désignant ces tiers;

7° Certificat du Maire constatant la représentation des titres réguliers qui établissent la possession et expliquent au besoin les motifs pour lesquels l'ayant droit n'est pas identiquement la personne dénommée dans le jugement d'expropriation. Dans ce dernier cas, le propriétaire réel devra produire un certificat constatant sa situation hypothécaire. Ce certificat pourra être remplacé, si l'indemnité ne dépasse pas 500 francs, par une délibération du Conseil municipal, approuvée par le Préfet, portant dispense de fournir cette pièce;

8° Certificat de payement délivré par l'agent voyer cantonal et visé par l'agent voyer d'arrondissement.

Si les offres faites par l'administration municipale, conformément à l'article 23 de la loi du 3 mai 1841, ont été acceptées, le certificat dont la production est prescrite par le n° 6 ci-dessus sera remplacé par l'acte d'acceptation des offres, sous forme de convention.

Tous les actes passés en vertu d'une déclaration d'utilité publique, et qui, dans les cas ordinaires, devraient être timbrés, sont exempts du timbre, mais sont visés pour timbre gratis (L. du 3 mai 1841, art. 58).

Nota. Si la propriété vendue appartient en totalité ou en partie à des mineurs, interdits, absents ou incapables, le contrat doit rappeler l'autorisation donnée par le tribunal d'accepter les offres de la commune, ou, dans le cas de cession amiable et si l'immeuble est d'une valeur qui n'excède pas 100 francs, relater la délibération du Conseil municipal acceptant l'offre du tuteur de se porter fort pour le mineur et de faire ratifier la vente à sa majorité.

Pour les immeubles dotaux, on devra exiger l'autorisation donnée par le tribunal d'accepter les offres de la commune et la justification du remploi lorsqu'il est ordonné.

S'il existe des inscriptions hypothécaires ou oppositions qui empêchent le payement, le prix de vente est versé à la caisse des dépôts et consignations en vertu d'un arrêté du Maire qui est produit avec le récépissé timbré du préposé de la caisse et toutes les pièces énoncées ci-dessus, à l'exception de l'état des inscriptions délivrées par le conservateur. Cette pièce est remplacée par le reçu du préposé de la caisse des dépôts, à qui elle est remise.

Il ne sera pas fait d'offres réelles toutes les fois qu'il existera des inscriptions sur les immeubles expropriés ou autres obstacles au versement des deniers entre les mains des ayants droit (L. du 3 mai 1841, art. 54).

*Indemnités relatives soit à des extractions de matériaux, soit à des dépôts ou enlèvements de terre, soit à des occupations temporaires de terrains.*

Si l'indemnité a été fixée à l'amiable :

1° L'accord timbré fait entre l'administration et le propriétaire et approuvé par le Préfet;

2° Certificat de payement délivré par l'agent voyer cantonal et visé par l'agent voyer d'arrondissement.

Si l'indemnité n'a pas été fixée à l'amiable :

1° Extrait de l'arrêté préfectoral qui autorise les extractions de matériaux ou les occupations temporaires de terrains;

2° Arrêté du Conseil de préfecture qui a fixé l'indemnité;

3° Certificat de payement délivré par l'agent voyer cantonal, visé par l'agent voyer d'arrondissement.

*Contingent de la commune dans les travaux des chemins vicinaux de grande communication et d'intérêt commun, si le contingent doit être acquitté en tout ou en partie en argent.*

Extrait de la décision du Conseil général qui a fixé les contingents;

Récépissé du receveur des finances.

*Concours dans le traitement des agents voyers.*

Extrait de l'arrêté du Préfet;

Récépissé du receveur des finances.

*Frais de confection de rôles et d'états-matrices.*

Extrait de l'arrêté du Préfet;

Récépissé du receveur des finances.

*Salaire des cantonniers employés sur les chemins vicinaux ordinaires.*

Certificat de payement dressé par l'agent voyer cantonal et visé par l'agent voyer d'arrondissement, indiquant le montant du traitement des cantonniers et le nombre des journées pour le payement desquelles le mandat est délivré.

*Travaux entrepris en commun par plusieurs communes et salaires y relatifs.*

Extrait de l'arrêté du Préfet;

Récépissé du receveur des finances.

Le tout sans préjudice des titres des parties, suivant les cas.

Toutes les dépenses autres que celles énoncées ci-dessus seront justifiées comme il est prescrit par les règlements sur la comptabilité communale. Un certificat de payement délivré par l'agent voyer cantonal et visé par l'agent voyer d'arrondissement devra être joint à l'appui de chaque mandat.

§ 59. **Constructions et grosses réparations** (Art. 1020 à 1022).

A l'appui du premier à-compte, décision approbative des travaux, procès-verbal d'adjudication publique (T); justification, s'il y a lieu, de la réalisation du cautionnement; certificat de l'architecte ou du surveillant des travaux, visé par le Maire, constatant l'avancement des travaux et le montant de la somme à payer (T). Pour les à-compte subséquents, certificat de l'architecte, visé par le Maire, rappelant les à-compte payés antérieurement et indiquant la nouvelle somme à payer (T); quant au solde des travaux, décompte général et procès-verbal de réception définitive (T); cahier des charges et devis estimatif ou série de prix (T); dans le cas d'adjudication à prix ferme, le procès-verbal de réception seulement (T). Lorsque après procès-verbal de réception définitive les payements doivent être faits en plusieurs années, décompte de la dépense (Modèle n° 317).

S'il n'y a pas eu adjudication, dans les cas prévus par l'ordonnance du 14 novembre 1837 et l'instruction du Ministère de l'intérieur du 9 juin 1838 (art. 1022 de la présente instruction), autorisation du Préfet, marchés de gré à gré, mémoires réglés et visés, états des journées.

* Les justifications indiquées ci-après, applicables à la comptabilité des communes et des établissements de bienfaisance, résultent des règles adoptées par le nouveau règlement du Ministère des finances pour les dépenses de constructions et grosses réparations.

On a distingué le cas où les travaux sont exécutés en vertu d'adjudication publique, et le cas où ils sont faits d'après les marchés de gré à gré.

*Travaux exécutés en vertu de marchés de gré à gré.*

Pour les travaux et fournitures au-dessus de 300 francs jusqu'à 3,000 francs les communes peuvent, avec l'autorisation préalable du Préfet, faire exécuter ces travaux par marché de gré à gré avec un entrepreneur.

Les marchés ont lieu : 1° soit sur un engagement souscrit à la suite du cahier des charges ; 2° soit sur une soumission souscrite par celui qui propose de traiter ; 3° soit sur une correspondance suivant l'usage du commerce.

Les marchés doivent, autant que possible, indiquer le montant des travaux à exécuter, et être passés en double expédition sur papier timbré. Ils sont soumis à l'approbation du Préfet.

Ils doivent être présentés à l'enregistrement dans les vingt jours qui suivent cette approbation. Les droits d'enregistrement et les frais de timbre sont à la charge des entrepreneurs ou fournisseurs, l'acte doit toujours relater cette clause.

Aucun marché ne doit stipuler d'à-compte que pour un service fait, c'est seulement pour ce service que des à-compte peuvent être accordés. Les à-compte à solder à un entrepreneur ou fournisseur doivent toujours être inférieurs à la valeur des travaux faits et ne peuvent en aucun cas excéder les *cinq sixièmes* des droits constatés présentés sur des pièces régulières établissant en quantités et en deniers le service fait.

Dans le cas ou un marché stipule des payements par à-compte, le marché est joint au premier payement et il y a lieu en outre de produire, lors des payements de chacun des à-compte subséquents, le décompte de la totalité des services faits en indiquant le montant des à-compte précédemment payés et en rappelant les justifications fournies. Ces décomptes sont établis sur des procès-verbaux de réception provisoire. Lorsqu'il s'agira de solder complétement un marché sur le montant duquel des à-compte ont été payés, la pièce exigible sera *un mémoire timbré* donnant le décompte total des travaux accompagné d'un certificat de réception définitive, et revêtu de l'acceptation de l'entrepreneur ou fournisseur.

Lorsqu'il s'agira de solder un marché, sur le montant duquel une certaine somme aura dû être retenue à titre de garantie, la pièce à produire sera un certificat de réception définitive donnant le décompte total des travaux si ce décompte n'a pas été produit à l'appui du payement précédent, et indiquant les payements effectués, ainsi que le chiffre de la retenue à solder ; ce certificat ne sera pas timbré si le décompte total timbré a été fourni.

Pour les marchés où il n'est pas stipulé de payements d'à-compte, la retenue à titre de garantie est soldée au moyen d'un certificat de même nature, et portant les mêmes indications que ci-contre.

Si un marché stipulait un cautionnement, le premier payement serait appuyé d'un récépissé justifiant de la réalisation de ce cautionnement. Il ne peut être fait aucun payement aux entrepreneurs ou fournisseurs assujettis à un cautionnement matériel avant qu'ils aient justifié de la réalisation de ce cautionnement.

Un mémoire établi pour des travaux ou fournitures effectués d'après un marché ne doit comprendre que des prix conformes à ceux que stipule le marché.

*Travaux exécutés en vertu d'adjudication.*

Les travaux de construction, reconstruction et grosses réparations dont le devis s'élève au-delà de 3,000 francs ne peuvent être exécutés que par voie d'adjudication, et les adjudications sont toujours subordonnées à l'approbation du Préfet.

Les pièces justificatives à produire sont pour :

*Payement unique ou intégral.*

Un extrait de la décision approbative des travaux sur papier libre;

Expédition *timbrée* du procès-verbal d'adjudication mentionnant l'approbation du Préfet et l'enregistrement;

Cahier des charges (*timbré*);

Devis estimatif, s'il y a lieu (*timbré*);

Série de prix (*timbrée*);

Décompte des travaux dûment arrêté (*timbré*);

Procès-verbal de réception définitive (*timbré*);

Quittance (*timbrée à 10 centimes*).

*Premier à-compte.*

Extrait de la décision approbative des travaux (*papier libre*);

Extrait ou copie du procès-verbal d'adjudication mentionnant l'approbation du Préfet et l'enregistrement (*papier libre*);

Extrait du cahier des charges faisant connaître les dispositions relatives au cautionnement, s'il y a lieu, et si le cautionnement a été réalisé en immeubles, la preuve qu'une inscription hypothécaire a été prise par la commune (*papier libre*);

Certificat de l'architecte ou du surveillant des travaux, visé par le Maire, constatant en chiffres l'avancement des travaux, et le montant de la somme à payer (*timbré*);

Quittance (*timbre à 10 centimes*).

*A-compte subséquents.*

Certificat de l'architecte ou du surveillant des travaux, visé par le Maire, constatant en chiffres l'avancement des travaux, rappelant les à-compte payés antérieurement, et indiquant la nouvelle somme à payer (*papier timbré*);

Quittance (*timbrée à 10 centimes*).

*Payement pour solde.*

Expédition en forme de procès-verbal d'adjudication (*timbrée*);

Cahier des charges (*timbré*);

Devis estimatif, s'il y a lieu (*timbré*);

Série de prix (*timbrée*);

Décompte des travaux dûment arrêté rappelant les à-compte payés antérieurement (*timbré*);

Procès-verbal de réception définitive (*timbré*);

Quittance (*timbre de 10 centimes*).

Lorsque, en cours d'exécution des travaux communaux, il a été opéré des changements et additions au devis primitif, et que les travaux supplémentaires n'ont été votés qu'en partie par le Conseil municipal, sans que, d'ailleurs, ces délibérations aient été approuvées par l'autorité supérieure, conformément à la loi, il doit être fait à l'architecte application des dispositions des lois du 27 juin 1833 et 15 mai 1850, et on doit refuser de calculer les honoraires sur les sommes excédant le prix porté au devis qui a servi de base à l'adjudication (Jurisprudence de la Cour des comptes).

L'article 38 du règlement du Ministère de l'intérieur et l'article 12 du décret du 31 mai 1862 interdisent formellement toute stipulation d'intérêts au profit d'entrepreneurs de travaux.

Quand l'exécution des entreprises embrasse plusieurs années, les receveurs des communes dont les revenus ordinaires dépassent 100,000 francs, doivent produire un état sommaire dressé dans la forme de ceux que les payeurs du Trésor sont tenus de produire pour les travaux exécutés sous la direction des agents des ponts et chaussées. Cette justification est demandée dans le but de faciliter le contrôle des opérations, et de fournir le moyen de suivre la série des à-compte payés et de vérifier la régularité des liquidations.

### § 60. Réparations de simple entretien n'excédant pas 300 francs (Art. 1020 à 1022).

Soumission de l'entrepreneur acceptée par le Maire, ou mémoire des réparations exécutées par économie, dûment réglé et visé par le Maire (T).

* Les administrations locales peuvent faire exécuter sur les crédits ouverts à leur budget, sans autorisation préalable, les travaux de réparation ordinaire et de simple entretien dont la dépense n'excède pas 300 francs.

Les pièces justificatives sont les mêmes que celles énumérées pour les constructions.

Soumission (*timbrée*) de l'entrepreneur, acceptée par le Maire, avec mention de l'enregistrement, ou mémoire (*timbré*) de réparations exécutées par économie, dûment visé et réglé par le Maire;

Quittance (*timbre à 10 centimes*).

### § 61. Travaux en régie (Art. 993 et 1014).

Mandat d'avances quittancé par le régisseur; relevé des payements certifié par lui et appuyé des rôles de journées dûment quittancés (T), quand ils comprennent des sommes excédant 10 francs; pour les fournitures, mémoires dûment certifiés et visés (T).

Le Maire peut faire exécuter en régie les travaux dont la dépense ne s'élève pas à 300 francs.

Il y a lieu de produire dans ce cas :

L'extrait de la décision qui a autorisé l'exécution des travaux par voie de régie et a nommé le régisseur (*papier libre*);

Mandats d'avances quittancés par le régisseur (*papier libre*);

Les divers mémoires ou factures certifiés par les fournisseurs visés par le régisseur, et arrêtés par le Maire (*papier timbré*).

Les états nominatifs de journées d'ouvriers certifiés par le régisseur, dûment émargés pour acquit par la signature des ouvriers ou par celle de deux témoins du payement; lesdits états devant indiquer distinctement, pour chaque ouvrier, le lieu des travaux, les dates exactes des journées de chacun, leur nombre, le prix de la journée, et le total à chaque ouvrier (*timbre de 10 centimes par émargement supérieur à 10 francs*).

Lorsqu'il s'agit de travaux exécutés par des ateliers de charité, la dépense se justifie par des états de journées, lesquels sont exempts du timbre lorsqu'on n'emploie que les *indigents*.

§ **62. Dépenses des octrois** (Art. 915, 916 et 923).
(Circulaires du 30 septembre 1827 et du 12 décembre 1828.)

1° Pour les dépenses du personnel et du matériel, les pièces indiquées ci-dessus (§ 50 et 54), en ce qui concerne les dépenses classées sous ces deux catégories.

2° Pour les dépenses accessoires, les extraits dûment certifiés du règlement de l'octroi, déjà demandés pour les recettes accessoires, et les actes qui ont fixé lesdites dépenses;

3° Pour les dépenses imprévues, les mémoires, factures, conventions et marchés, dans les cas où ces voies sont employées (T); les décomptes de livraisons et les quittances des parties prenantes (T);

4° Pour l'indemnité d'exercice due à l'administration des contributions indirectes, le décompte dûment arrêté de l'indemnité; les quittances du receveur des contributions indirectes (T);

5° Pour l'ensemble des frais de perception, la copie, dûment certifiée, de la décision du Ministre des finances, ou du Préfet du département, qui a fixé ces frais, en vertu de l'article 10 de l'ordonnance royale du 9 décembre 1814, ou la mention de cette décision sur le bordereau de décembre;

6° Pour les dépenses d'ordre, se reporter au § 73.

Nota. Les quittances délivrées aux receveurs municipaux par les receveurs principaux des contributions indirectes, pour le remboursement des traitements des préposés des octrois, sont assujettis au timbre de dimension.

** Pour les dépenses du personnel, mêmes justifications qu'au § 50.

Aux termes de l'article 360 de l'Instruction générale, le traitement du préposé en chef de l'octroi est passible de la retenue pour le service des pensions civiles. Dans les communes où la perception des droits d'octroi s'opère par voie d'abonnement avec l'administration des contributions indirectes, les receveurs municipaux ne doivent pas exiger à l'appui des mandats délivrés pour les dépenses du personnel un état émargé par les parties prenantes (Circulaire du 30 juillet 1867, § 3).

Pour les dépenses du matériel, factures ou mémoires réglés des fournitures *timbrés*, et relatant, lorsqu'il y a lieu, les numéros sous lesquels les objets sont inscrits à l'inventaire; copie dûment certifiée et *timbrée* lorsqu'elle est produite avec le compte final, des procès-verbaux d'adjudication, soumissions, conventions et marchés, dans tous les cas où ces voies ont dû être employées; certificats de réception, décompte des livraisons (*timbré*), quittances des parties prenantes (*timbrées*) lorsque la dépense excède 10 francs.

Pour les dépenses imprévues, les mémoires, factures, conventions et marchés, dans les cas où ces voies sont employées (*papier timbré*), les décomptes de livraison et les quittances des parties prenantes (*timbré*) lorsque la dépense est supérieure à 10 francs.

Les décomptes de l'indemnité d'exercice due par les communes à l'administration des contributions indirectes ne sont soumis à aucun timbre; les quittances des receveurs pour l'indemnité dont il s'agit sont soumises au timbre *spécial* de 10 centimes établi par l'article 243 de la loi du 28 avril 1816 et maintenu par l'article 4 de la loi du 8 juillet 1865 et par l'article 20 de la loi du 23 août 1871 (Jurisprudence de la Cour des comptes).

A l'appui du mandat pour remboursement de frais d'imprimés pour le service de l'octroi, on doit produire un état détaillé de ces imprimés, et la quittance délivrée au receveur municipal par le receveur principal des contributions indirectes doit être timbrée.

### § 63. **Prélèvements pour frais de casernement et d'occupation des lits militaires** (Art. 993).

1° Les extraits des décomptes dressés par les intendants militaires et les administrations locales, lesquels doivent être certifiés par le directeur des contributions indirectes ou le chef de service dans l'arrondissement; 2° les quittances des receveurs des contributions indirectes (voir le nota à la suite du paragraphe précédent); 3° ampliation du décret impérial qui peut avoir réglé un abonnement fixe, conformément à l'article 10 de l'ordonnance du 5 août 1818.

** De même que pour le § 62, les quittances délivrées par les receveurs des contributions indirectes pour frais de casernement sont soumises au timbre applicable aux quittances des contributions indirectes.

Les autres pièces sont exemptes du timbre.

### § 64. **Dépenses des chemins vicinaux.**

Les justifications à produire à l'appui des dépenses des chemins vicinaux ont été modifiées par le nouveau règlement du Ministère de l'intérieur en date du 6 décembre 1870.

** Voir au § 57 la nomenclature nouvelle.

### § 65. **Contributions directes. Taxe des biens de mainmorte** (Art. 993).

Avertissements et quittances à souche des percepteurs.

Ces diverses pièces sont exemptes du timbre.

Lorsque des avances sont faites pour les contributions dues par les fermiers, de même que pour les frais de culture, l'opération ne doit pas figurer au compte de la commune ni même aux services hors budget, mais les pièces justificatives de l'avance sont classées comme valeurs, et comprises dans l'encaisse (art. 1495 et 1497). Lors, au contraire, que les fermiers ont fait l'avance des contributions qu'ils ne doivent pas supporter et qu'ils s'en remboursent par une déduction sur le prix de leurs fermages, le montant brut desdits fermages doit être porté à la recette du compte, et celui des contributions à la dépense.

§ **66. Remplacement de la contribution mobilière** (Art. 6 et 993).

Décret qui autorise le remplacement, extrait de l'état de répartition des contributions, et récépissés du receveur des finances.

Les pièces énumérées ci-dessus ainsi que l'état de répartition de la partie de l'octroi représentative de la contribution personnelle mobilière, sont dispensées de la formalité du timbre.

§ **67. Subventions aux hospices et autres établissements** (Art. 994).

Les quittances à souche des receveurs ou trésoriers.

Les fonds alloués dans les budgets des communes au profit des hospices et des bureaux de bienfaisance, sont ordonnancés par douzièmes, de mois en mois, au nom des trésoriers de ces établissements qui en deviennent comptables.

** Les quittances à souche délivrées par les receveurs ou trésoriers doivent, aux termes de l'article 4 de la loi du 8 juillet 1865, et de l'article 2 de la loi du 23 août 1871, être timbrées à 25 centimes et sont par suite exemptes du droit de timbre de 10 centimes.

** Celles délivrées pour secours accordés aux bureaux de bienfaisance sur les fonds de l'État doivent être timbrées à 25 centimes, à moins que ces secours n'aient une affectation spéciale de bienfaisance ou n'aient été alloués dans un but charitable bien déterminé (Circulaire du 26 janvier 1870).

§ **68. Remboursements d'emprunts** (Art. 970).

Pour les remboursements, quittances des ayants droit (T), ou, s'il y a lieu, les obligations timbrées et dûment quittancées; récépissés de la caisse des dépôts et consignations; état présentant la situation à la fin de l'année;

Pour le payement des intérêts, quittances des parties prenantes (T), lorsqu'elles n'ont pas été détachées d'obligations timbrées.

Nota. Tout titre original au porteur doit être frappé d'un timbre d'annulation.

** Les quittances pour remboursements d'emprunts au dos du titre ou par acte séparé sont passibles du droit de timbre de 10 cent.

** Les coupons au porteur des obligations du Crédit foncier et des obligations communales sont passibles du timbre à 10 centimes. Le payement fait à la même personne et d'après le même bordereau, ne donne lieu, lorsque le total est supérieur à 10 francs, qu'à la perception d'un seul droit de timbre de 10 centimes, puisque ce bordereau, quel que soit le nombre de coupons, ne constitue qu'un seul acte libératoire. Mais s'il n'est pas rédigé de bordereau, il est dû un droit de 10 centimes par chaque coupon payé supérieur à 10 francs (Circulaire de la comptabilité publique du 14 avril 1872).

** L'article 18 de la loi du 23 août 1871 embrassant dans sa généralité tout titre, signé ou non, qui comporte libération, reçu ou décharge du débiteur, a voulu atteindre toute convention expresse ou tacite qui peut remplacer la quittance, et dès lors la remise par le créancier de titres ou coupons supérieurs à 10 francs pouvant établir la libération du débiteur est équivalente à une quittance ou décharge, doit être assimilée à celle-ci (Jurisprudence de la Cour des comptes. Arrêt de la Cour de cassation du 11 février 1874).

A l'appui de remboursements d'obligations d'emprunts, il y a lieu de produire les procès-verbaux de tirage au sort de ces obligations.

### § 69. **Dépenses relatives à la coupe affouagère** (Art. 1030).

Voir les § 50 et 54.

Les dépenses relatives aux coupes de bois d'affouage doivent toujours faire l'objet d'un article distinct dans les budgets et les comptes des communes. Elles se composent des frais de façonnage à payer à l'entrepreneur de la coupe; des frais de transport des lots au domicile des ayants droit; du droit du vingtième à payer au Trésor sur l'estimation des bois distribués.

Mêmes justifications que pour les §§ 50 et 54.

### § 70. **Dépenses imprévues** (Art. 819).

Les autorisations du Préfet ou du Sous-Préfet, conformément à l'article 37 de la loi du 18 juillet 1837, indépendamment des justifications d'emploi ou de payement (Voir, en outre, l'article 1533).

Le crédit pour dépenses imprévues est employé par le Maire avec l'approbation du Préfet pour la commune de l'arrondissement chef-lieu, et les Sous-Préfets pour les communes des autres arrondissements. Le fonds des dépenses imprévues ne peut être employé à payer des dépenses qui auraient été faites pendant un exercice autre que celui pour lequel le fonds a été alloué, non plus que les dépenses rejetées du projet de budget.

La justification de ces dépenses se fera comme celle de la dépense même à laquelle elle se rattache, et le receveur doit joindre aux pièces ordinaires la production des autorisations du Préfet ou du Sous-Préfet qui étaient nécessaires pour l'emploi du crédit (*papier libre*).

### § 71. Cotisations municipales (Art. 613).

Extrait certifié par le Maire, des arrêtés du Préfet qui fixent le montant des cotisations à la charge de la commune; récépissés du receveur des finances constatant le versement des cotisations.

Pour les communes dont les comptes sont jugés par les Conseils de préfecture, il peut n'être fourni que des extraits des récépissés (Voir l'article 613).

(Ces cotisations figurent aux budgets et aux comptes sous le titre des divers services qu'elles concernent.)

* Les trésoriers payeurs généraux sont chargés de recouvrer et de centraliser à leur caisse le produit de cotisations fournies par les communes, les établissements de bienfaisance et les particuliers pour subvenir à certaines dépenses d'intérêt commun. Il est délivré pour le service des cotisations aux receveurs municipaux justiciables de la Cour des comptes, des récépissés distincts, par produit. La circulaire de la comptabilité publique du 30 septembre 1862 fait observer qu'on peut satisfaire à ce que désire la Cour en délivrant, au lieu de récépissés distincts, des déclarations de versement par extrait.

Les cotisations municipales ont principalement pour objet :

Les frais de registres de l'état-civil, et de confection des tables décennales;

Les frais de confection de matrices, rôles et avertissements à la charge des communes ou des particuliers;

Les frais d'impressions à la charge des communes et des établissements publics (budgets, décomptes, délibérations, mandats, état de population, rôles scolaires, etc.);

Les frais de timbre à la charge des communes et des établissements publics;

Le salaire des gardes forestiers chargés de la conservation des bois des communes et des établissements publics;

Les diverses ressources destinées à l'entretien des malades, des vieillards et des incurables indigents placés par les communes dans les hospices et hôpitaux des départements;

Les travaux d'intérêt commun et le payement de divers salaires (1);

Les traitements et les frais concernant le service de la police;

Les dépenses du service médical établi en faveur des indigents;

Le prix d'abonnements à diverses publications;

La répartition du fonds commun des amendes de police correctionnelle.

Ces dépenses ne constituent, pour les communes qui participent au fonds de cotisations de simples versements de contingents, et la dépense effective étant payée par le receveur des finances, se trouvant justifiée dans la comptabilité de ce comptable, il en résulte que les receveurs municipaux n'ont d'autre justification à produire qu'un extrait certifié par le Maire de l'arrêté préfectoral qui a fixé le contingent et le récépissé ou l'extrait du receveur des finances qui en tient lieu.

Pour les fonds versés au budget départemental pour les dépenses des chemins vicinaux, des aliénés et des enfants assistés et pour les frais de surveillance des chemins de fer d'intérêt local, on doit produire un extrait de la délibération du Conseil général qui a fixé le montant à la charge de la commune et le récépissé du receveur des finances *timbré à 25 centimes* (C. C. P. du 31 janvier 1872, § 11).

Pour la part contributive de la commune dans le traitement des agents voyers dont la dépense figure également au budget départemental, on produira l'arrêté du Préfet qui a fixé le montant à la charge de la commune (règlement, chemins vicinaux, 1870) et le récépissé du receveur des finances *timbré à 25 centimes*.

(1) ** Une exception doit être faite en ce qui concerne les dépenses des *chemins d'intérêt commun* et le payement des agents placés sur ces chemins. Depuis la loi du 18 juillet 1866 et la circulaire du Ministre de l'intérieur du 27 juillet 1870, ces dépenses sont centralisées au budget départemental.

# SERVICES HORS BUDGET.

## DÉPENSE.

### § 72. Fonds de retraites, payements de retraites ou pensions (Art. 1099 et 1485).

Quittances des parties prenantes (T), quand la pension excède 300 francs

Le payement des pensions ou retraites a lieu tous les trois mois, et s'effectue, pour les pensionnaires domiciliés dans la commune de la résidence du receveur municipal, sur des mandats payables par ce comptable et dont l'envoi doit être fait par le Maire à la caisse des dépôts et consignations, qui autorise le receveur des finances à en verser le montant au receveur municipal contre une quittance à souche.

Lorsque des pensions doivent être payées ailleurs que dans la commune, le Maire envoie à la caisse des dépots, au lieu de mandats, des états indiquant les noms, prénoms et résidences des pensionnaires, les sommes à payer à chacun d'eux et les justifications à produire. La caisse des dépôts adresse aux trésoriers payeurs des départements où résident les ayants droit l'autorisation d'acquitter les pensions, et, dès que les quittances des pensionnaires ont été envoyées, elle les fait parvenir au receveur municipal, qui fait recette et dépense de leur montant.

Les quittances des parties prenantes doivent être revêtues du timbre de 10 centimes pour toute somme supérieure à 10 francs.

Il convient d'annexer à la quittance, le certificat de vie du pensionnaire, délivré par le Maire de sa résidence, ou par un notaire.

### § 73. Dépenses d'ordre de l'octroi. Consignations pour saisies et amendes (Art. 1102 et 1462).

Pour les remboursements, décisions qui les autorisent et quittances des parties prenantes (T); pour les frais divers, pièces justificatives de ces frais; pour les droits fraudés, déclaration de recette du receveur du bureau central au bas de l'état de répartition; pour la part revenant aux saisissants, ledit état (T), émargé par les parties prenantes, ou, s'il s'agit de saisies mixtes, par le receveur municipal des contributions indirectes; pour la part revenant à la commune et pour la part affectée au fonds de retraites, le même état et quittance du receveur municipal. États mensuels des consignations restituées ou reparties.

**Consignations sur passe-debout** (Art. 1102 et 1463).

Relevés mensuels (déjà cités au § 30) indiquant, d'une part, les remboursements, justifiés par les quittances des parties prenantes (T); et d'autre part, les sommes converties en perception définitive; certificat de sortie des objets qui ont donné lieu aux consignations.

**Remises allouées aux employés par l'administration des contributions indirectes** (Art. 1102 et 1464).

État de répartition (T) dressé par le Maire et dûment émargé par les parties prenantes.

**Produits des ventes faites dans les entrepôts** (Art. 1102 et 1465).

Quittances des ayants droit (T).

Voir les articles 1102, 1462, 1463 et 1464 de l'Instruction générale.

Les pièces ou états indiqués ci-dessus comme devant être timbrés doivent l'être au timbre de dimension, à l'exception des quittances individuelles ou par émargement données par les employés des contributions indirectes, lesquelles sont soumises au timbre de 10 centimes pour toute somme excédant 10 francs.

§ **74. Coupe affouagère distribuée en nature** (Art. 874 et 1103).

Etat nominatif, certifié par le Maire et présentant, par contenance de chaque lot ou par nature de produit, la part afférente à chacun des habitants et émargement de ceux-ci.

Les acquits par émargement des ayants droit doivent être timbrés à 10 centimes pour toute somme supérieure à 10 francs.

§ **75. Remboursement et emploi en cautionnements des dépôts de garantie pour garanties et marchés** (Art. 1026, 1029, 1104 et 1480).

Pour les dépôts restitués, certificat (T) du président de l'adjudication constatant que les parties prenantes n'ont pas été déclarées adjudicataires; décharge au verso des quittances à souche (T) du receveur municipal ou des récépissés (T) du receveur des finances. Pour les dépôts en numéraire convertis en cautionnements, déclaration du receveur des finances constatant le versement à sa caisse. Pour les inscriptions de rentes affectées aux cautionnements définitifs, reçu ou accusé de réception du directeur de l'enregistrement ou de l'agent judiciaire du Trésor.

Les cautionnements à fournir par les adjudicataires, doivent être réalisés à la diligence des receveurs des communes, auxquels il est remis, à cet effet, une copie en forme de procès-verbal d'adjudication et du cahier des charges. Les cautionnements peuvent être faits en numéraire, en immeubles ou en inscriptions de rentes sur l'État, suivant que le cahier des charges l'aura déterminé. Les cautionnements en numéraire sont versés à la caisse des dépôts et consignations; lorsque les cautionnements sont réalisés en immeubles, l'inscription doit être prise au nom des communes intéressées; il doit être stipulé que les immeubles sont libres de tous privilèges et hypothèques. Quant aux cautionnements en inscriptions de rentes sur l'État, les actes d'affectation sont passés soit avec l'agent judiciaire du Trésor, soit avec le directeur de l'enregistrement.

§ 76. **Excédants de versements sur les produits communaux** (Art. 1105).

Quittances des parties intéressées ou quittances à souche des receveurs municipaux constatant l'application aux comptes des communes des sommes non réclamées

** On peut, pour les quittances de remboursement d'excédants de versements, faire usage d'états collectifs revêtus de l'acquit des parties prenantes (circulaire de la comptabilité générale du 31 mai 1862); les quittances des parties intéressées sont soumises au timbre de 10 centimes pour toute somme excédant 10 francs.

§ 77. **Versements des retenues pour le service des pensions civiles et en vertu d'oppositions** (Art. 346, 360, 363, 364, 369, 371, 1007, 1106 et 1473).

Récépissés ou extraits des récépissés du receveur des finances.

Ces récépissés sont exempts du timbre.

§ 78. **Emploi de la rétribution scolaire recouvrée pour le compte de l'institutrice** (Art. 979 et 1107).

**Caisse des Écoles.**

Quittances de l'institutrice; quittances du receveur municipal pour ses remises sur les sommes recouvrées.

** Aux termes de la circulaire de la comptabilité publique du 15 octobre 1867, le service de la *caisse des Écoles* doit donner lieu à l'ouverture, parmi les *services hors budget,* d'un compte qui prendra la place de celui de la rétribution scolaire, perçue pour le compte particulier des institutrices, lequel est supprimé.

Les opérations de dépense concernant la caisse des Écoles sont justifiées par *les mandats du Maire revêtus de l'acquit des parties prenantes* (timbré à 10 centimes) appuyés des justifications ordinaires selon la nature des dépenses.

### § 79. **Cotisations particulières** (Art. 1108 et 1476).

Mémoires et états de fournitures et travaux (T); quittances des parties prenantes (T).

Les receveurs municipaux peuvent être chargés de recouvrer des taxes ou autres cotisations intéressant des particuliers, et de payer les dépenses auxquelles ces taxes sont destinées à subvenir.

Voir pour l'établissement des mémoires et factures page 39.

### § 80. **Part allouée aux pauvres ou aux hospices dans le produit des concessions de terrains dans les cimetières** (Art. 927).

Quittances à souche du receveur des hospices.

Ces quittances à souche ne doivent pas être timbrées.

### § 81. **Application au compte de la commune des recettes faites avant l'ouverture de l'exercice** (Art. 1109 et 1492).

État, certifié par le Maire, des sommes précédemment recouvrées avec indication des articles du compte auquel ces sommes ont été appliquées.

L'état mentionné ci-dessus n'est pas soumis au timbre.

## SERVICE DES ÉTABLISSEMENTS DE BIENFAISANCE.

Les règles de la comptabilité des communes s'appliquent aux établissements de bienfaisance en ce qui concerne la division et la durée des exercices, la spécialité et la clôture des crédits, la perception des revenus, l'ordonnancement et le payement des dépenses, le mode d'écritures et de comptes, et le règlement des budgets.

Par conséquent, les pièces justificatives doivent être les mêmes, et comme les établissements charitables ne sont pas plus que les communes en dehors du droit commun pour ce qui concerne les dispositions fiscales de l'enregistrement et du timbre, les règles établies ci-dessus relativement à cette dernière formalité sont entièrement applicables à ces établissements.

### RECETTES ORDINAIRES.

§ 82. **Loyers des maisons et terrains** (Art. 1056).

§ 83. **Fermage en argent des biens ruraux** (Art. 1056).

§ 84. **Rentes sur l'État** (Art. 1058).

§ 85. **Rentes sur particuliers et les communes** (Art. 1058).

Mêmes justifications que pour les recettes de pareille nature concernant les communes.

Les *maisons* et *biens ruraux* possédés par les établissements hospitaliers sont, à moins d'autorisation contraire, affermés par voie d'adjudication suivant les règles tracées pour les biens des communes (§ 4, page 16).

Pour les bureaux de bienfaisance, le Sous-Préfet règle les conditions des baux et fermes des biens lorsque leur durée n'excède pas dix-huit ans (D. du 13 avril 1861, art. 6).

Pour les hospices et hôpitaux, la commission administrative règle par ses délibérations les baux et fermes lorsque leur durée n'excède pas dix-huit ans pour les baux ruraux, et neuf pour les autres (L. du 13 août 1851, art. 8). Toute délibération sur cet objet étant exécutoire, si trente jours après la notification officielle, le Préfet ne l'a pas annulée.

Pour le recouvrement des rentes sur l'État, et des rentes et créances sur particuliers dont les établissements publics sont propriétaires, voir les §§ 6 et 7, page 17.

### § 86. **Coupes ordinaires de bois** (Art. 1057).

### § 87. **Intérêts des fonds placés au Trésor.**

Mêmes justifications que pour les recettes de pareille nature concernant les communes.

Les *bois appartenant aux établissements publics* sont, comme les bois des communes soumis au régime forestier. Le recouvrement des produits est effectué par les receveurs des établissements ou par les receveurs des finances selon les règles établies par les communes (§ 18, page 22).

Pour le tableau des intérêts des fonds placés au Trésor, voir page 26, § 27.

### § 88. **Fonds alloués sur l'octroi et sur les autres fonds communaux** (Art. 1065 et 1074).

Extrait du budget de la commune, et, s'il y a lieu, des autorisations supplémentaires.

La quotité des fonds que les communes doivent prélever sur les produits de leur octroi pour les verser dans les caisses des établissements de charité est déterminée chaque année par l'autorité qui règle les budgets.

Le payement d'une subvention allouée par une commune à une société de bienfaisance ne paraît exiger aucune autre pièce que le mandat si le vote de la subvention a eu lieu sans conditions.

### § 89. **Produit des droits sur les spectacles, bals, concerts** (Art. 1066).

États certifiés des droits perçus en régie simple; acte d'abonnement ou de mise en ferme, quand il y a lieu (T).

Le mode de recouvrement du droit sur les recettes des spectacles, concerts, etc., au profit des hospices et bureaux de bienfaisance est indiqué par l'article 1066 de l'Instruction générale.

Les commissions administratives peuvent demander, et les Préfets peuvent autoriser la mise en ferme ou en régie intéressée de la perception des droits dont il s'agit.

Les états de la régie, dressés par le régisseur et certifiés par l'ordonnateur, ne sont pas soumis au timbre : ce sont des pièces d'ordre intérieur.

### § 90. **Journées de militaires** (Art. 1067).

Décomptes arrêtés contradictoirement entre la commission administrative et l'intendance militaire, ou certificat du président de la commission administrative relatant, avec leurs numéros et leurs dates, les mandats de remboursement émis sur la caisse du payeur.

Le remboursement des dépenses auxquelles donne lieu le traitement des militaires reçus dans les hospices civils, est fait aux hospices sur des états des commissions administratives, dressés chaque trimestre, arrêtés par le sous-intendant militaire, et dont le montant est ordonnancé par les Ministères de la guerre et de la marine, au nom des receveurs des hospices.

Les relevés numériques à produire par les hospices pour obtenir le remboursement du prix des journées de militaires sont soumis au timbre, et le droit n'est que de 60 centimes, quelle que soit la dimension du papier.

### § 91. **Pensions à prix de journées** (Art. 1068).

Lorsque ce produit paraît pour la première fois au compte, copie de l'arrêté qui a fixé le prix des pensions.
État nominatif trimestriel portant décompte.

Les hospices et hôpitaux désignés par le Conseil général, sur la proposition du Préfet, doivent recevoir les malades et incurables indigents des communes privées d'établissements hospitaliers, moyennant un prix de journée fixé par le Préfet d'accord avec la commission administrative; en cas de dissidence, il appartient au Préfet de statuer.

La recette se justifie par l'état de journées certifié par l'ordonnateur, indiquant la date d'entrée et de sortie des malades, vieillards ou infirmes, le nombre de journées, le prix de la journée, et la somme due à l'établissement (*papier libre*).

### § 92. **Pensions annuelles** (Art. 1069).

Pour la première année, copie ou extrait du titre constitutif approuvé par le Préfet. Pour chaque année, états nominatifs trimestriels, rappelant les conditions de l'admission et portant décompte des sommes dues.

Les administrations hospitalières peuvent admettre dans les établissements des *pensionnaires payants*. Le prix de la pension fait, dans ce cas, l'objet d'un traité passé entre l'administration et le pensionnaire, et approuvé par le Préfet.

C'est également sous forme de traité, et non sous forme de donation, qu'il convient de constater la cession à l'hospice d'un capital moyennant l'admission du cédant à titre de pensionnaire.

L'expédition de l'acte passé entre le pensionnaire et l'administration doit être *timbrée*, et la délibération approuvée par le Préfet, fixant la somme à verser, considérée comme pièce d'administration intérieure, est dispensée du timbre.

Les états nominatifs trimestriels certifiés par l'ordonnateur doivent constater l'entrée et le séjour des pensionnaires (*papier libre*).

### § 93. Produit de la pharmacie.

### § 94. Produit du travail de la maison (Art. 1070).

États détaillés des livraisons faites ou des objets confectionnés, avec leur évaluation en deniers, certifiés par l'économe et visés par le président de la commission administrative.

Les objets fabriqués ou confectionnés dans les hospices sont vendus, et le produit en est versé dans la caisse de l'établissement.

Les états dressés par l'administrateur doivent indiquer les relevés périodiques du livre des recettes journalières tenu par la maison, avec leur évaluation en deniers (*papier libre*).

### § 95. Produit de la vente des effets des décédés (Art. 1070).

Procès-verbaux d'adjudication (T).

Les effets apportés dans les hospices par les malades qui y ont été traités gratuitement et qui y sont décédés appartiennent à ces établissements, à l'exclusion des héritiers et du domaine, en cas de deshérence; si le traitement et l'entretien des personnes décédées dans les hospices ont été acquittés de quelque manière que ce soit, les héritiers et légataires peuvent exercer leurs droits sur tous les effets qu'elles y ont apportés, mais, en cas de deshérence, ces effets appartiennent aux hospices.

Les expéditions des procès-verbaux d'adjudication doivent être timbrées.

### § 96. Dons, aumônes et collectes (Art. 1071 à 1073).

État certifié des produits.

Les produits des *dons, aumônes* et *collectes,* que les hospices et les bureaux de bienfaisance sont autorisés à recevoir doivent être remis intégralement, par les personnes chargées de les recueillir, dans la caisse de l'établissement auquel ces produits appartiennent.

L'état est dispensé du timbre.

Pour les donations et les legs voir ci-dessus (page 29 et 111).

### § 97. **Remboursement des dépenses des enfants assistés** (Art. 1074 à 1076).

État, certifié par le Préfet, des mandats délivrés par ce magistrat au profit de l'établissement avec les numéros et les dates de ces mandats; états de rapprochement, par exercice, entre la recette et la dépense des enfants assistés relatant la part de la dépense qui pourrait incomber à l'hospice.

Conformément aux prescriptions de la loi du 5 août 1869 sur le service des enfants assistés, on doit produire un relevé, certifié par le président de la commission administrative, des mandats délivrés au profit de l'hospice dépositaire, pour remboursement par le département des dépenses intérieures et des frais de vêtures dont il a fait l'avance (C. int. du 3 août 1869).

### § 98. **Amendes et confiscations** (Art. 1077).

Ampliations des états de distribution des amendes, arrêtés par le Préfet, ou certificat du président de la commission administrative relatant les allocations faites à l'établissement.

Le produit de ces amendes est versé dans la caisse des établissements auxquels elles reviennent, d'après des états préparés par les préposés des postes et de l'enregistrement, et arrêtés par le Préfet.

Les pièces justificatives établissant cette recette sont exemptes du timbre.

### § 99. **Produit de la vente des denrées ou grains excédant les besoins de l'établissement** (Art. 1080 et 1460).

Procès-verbaux d'adjudication (T) ou états détaillés des produits, et, s'il y a lieu, les mercuriales; en outre, certificat du président de la commission administrative établissant l'origine des produits vendus (Certificat nécessaire pour la liquidation des remises du receveur).

Lorsque les grains ou denrées provenant des domaines exploités ou affermés, ou d'achats, excèdent les besoins de l'établissement, il peut y avoir lieu de vendre cet excédant.

S'il y a eu adjudication, le procès-verbal d'adjudication doit être timbré, les autres états et pièces sont exempts du timbre comme pièces justificatives supplémentaires.

### § 100. **Attributions aux hospices sur les concessions de terrains dans les cimetières** (Art. 927).

État détaillé certifié par le Maire.

Le tiers du produit des concessions destiné aux pauvres ou aux établissements de bienfaisance, peut être attribué exclusivement, soit au bureau de bienfaisance, soit à l'hospice, ou réparti entre ces deux établissements par proportions égales ou inégales. Le droit de faire cette attribution appartient, sous l'approbation du Préfet, au Conseil municipal qui est chargé de proposer les tarifs de concession.

L'état est exempt du timbre.

## RECETTES EXTRAORDINAIRES.

### § 101. **Coupes extraordinaires de bois.**

Justifications indiquées au § 33.

Mêmes justifications que pour les communes (Voir ci-dessus, page 30).

### § 102. **Legs et donations.**

Justifications indiquées au § 31.

Mêmes justifications que pour les communes (V. ci-dessus, page 29).

* Les présidents des commissions administratives des hospices et hôpitaux peuvent toujours, à titre conservatoire, accepter, en vertu de la délibération des commissions, les dons et legs faits aux établissements charitables, les décrets à intervenir ont leur effet du jour de cette acceptation (Art. 11 de la loi du 7 août 1851). Les Sous-Préfets statuent sur l'acceptation par les bureaux de bienfaisance des dons et legs d'objets mobiliers ou de sommes d'argent lorsque leur valeur n'excède pas 3,000 francs et qu'il n'y a pas de réclamation des héritiers; si la valeur du legs excède 3,000 francs, c'est le Préfet qui statue (Décret du 25 mars 1852).

### § 103. **Rachats de rentes.**

Justifications indiquées au § 32.

Mêmes justifications que pour les communes (V. ci-dessus, page 30).

### § 104. Remboursement de capitaux.

Ampliation des actes constitutifs des créances de l'établissement (T).

Voir les observations au § 32, page 30.

### § 105. Ventes de meubles et d'immeubles.

Justifications indiquées au § 30.

Mêmes justifications que pour les communes. V. page 29.

Les aliénations d'immeubles des hospices ne peuvent avoir lieu qu'en vertu d'une délibération de la commission administrative sur l'avis conforme du Conseil municipal, et avec l'autorisation du Préfet (L. du 13 août 1851, art 9 et 10).

En cas de cessions ou d'échanges d'immeubles appartenant aux établissements de bienfaisance, le comptable doit s'assurer que toutes les formalités relatives à la purge des hypothèques et privilèges ont été rigoureusement accomplies (Voir pour la purge pages 51 et 52).

## RECETTES DES PRODUITS EN NATURE.

### § 106. Fermages et rentes en grains, denrées et autres produits (Art. 1078, 1079, 1460 et 1576).

Mêmes justifications qu'au § 4; de plus, relevé détaillé établissant l'évaluation en argent, et appuyé, s'il y a lieu, des mercuriales.

Ces produits sont constatés par les baux passés avec les fermiers, pour les grains ou denrées qui proviennent de domaines affermés et par des états de recette, pour les grains ou denrées qui proviennent de domaines exploités par l'administration.

Les revenus en nature sont évalués en argent d'après le prix moyen des mercuriales au marché le plus voisin.

### § 107. Produits des domaines et jardins exploités par l'administration (Art. 1078, 1079, 1460 et 1576).

Un état, dûment certifié, des produits et de leur évaluation en deniers.

Même observation que ci-dessus. L'état est exempt du timbre.

## SERVICES HORS BUDGET.

## RECETTE.

### § 108. Fonds de retraites.

Justifications indiquées au § 38, sauf ce qui est relatif aux amendes d'octroi.

Mêmes justifications que pour les communes (V. ci-dessus, page 33).

### § 109. Dépôts de garantie et cautionnements pour adjudications et marchés.

Justifications indiquées au § 41.

Voir ci-dessus, page 35.

### § 110. Retenues en vertu d'oppositions.

Justifications indiquées au § 43.

Voir ci-dessus, page 35 et annexe n° 4, page 134.

### § 111. Fonds appartenant aux enfants assistés ou deniers pupillaires (Art. 1070 et 1110).

État des sommes reçues pour le compte de chaque enfant, certifié par le président de la commission administrative.

Les capitaux appartenant aux enfants admis dans les hospices sont placés soit au mont-de-piété, soit à la caisse d'épargne lorsque la somme appartenant à un enfant est inférieure à 150 francs. Quant aux revenus des biens et capitaux, ils sont perçus au profit des hospices, jusqu'à la sortie des enfants, à titre d'indemnité de leur nourriture et entretien. Lorsque les revenus excèdent les dépenses l'excédant doit être restitué à l'enfant parvenu à sa majorité. La portion revenant aux enfants assistés dans le produit de leur travail est placé pour leur compte à la caisse d'épargne.

L'état ou bordereau de situation des fonds appartenant aux enfants assistés est exempt du timbre.

### § 112. Dépôts d'argent et d'objets précieux (Art. 1111).

État, certifié par un membre de la commission administrative, présentant le détail des objets existant à la fin de l'année précédente et de ceux qui ont été déposés depuis cette époque.

Cette pièce est exempte du timbre. Voir les observations au § 127.

### § 113. Recettes faites avant l'ouverture de l'exercice (Art. 1109 et 1492).

État détaillé des recettes, certifié par le président de la commission administrative.

Cet état est dispensé de la formalité du timbre.

## DÉPENSES DU PERSONNEL.

### § 114. Remises du receveur.

Mêmes justifications que pour les remises des receveurs municipaux (§ 48).

(Voir ci-dessus, page 41.)

### § 115. Appointements, gages et salaires des agents et préposés.

Mêmes justifications que pour les dépenses semblables à la charge des communes (§ 50).

(Voir ci-dessus, page 43.)

### § 116. Dépenses des mois de nourrices et pensions des enfants assistés (Art. 1088 et 1175).

États nominatifs appuyés des certificats de vie des enfants délivrés par le Maire, ou les actes de décès, avec les quittances des nourrices ou les certificats de payement délivrés par les Maires.

Cet article se trouve annulé par suite des dispositions de la loi du 5 août 1869 sur le service des enfants assistés.

Les dépenses des enfants assistés qui étaient antérieurement à 1863 versées au compte des cotisations municipales étant centralisées au budget départemental, il en résulte que toutes les ressources affectées à ces dépenses doivent être portées au compte des produits éventuels départementaux (C. C. P. du 21 juin 1863).

Les sommes mises à la charge des hospices pour le service des aliénés ne sont plus, à partir du 1er janvier 1872, versées au compte des cotisations municipales, mais au compte des produits éventuels départementaux (C. C. P. du 31 janvier 1872). Les contingents des hospices sont recouvrés par les receveurs des finances sur des états que fait dresser le Préfet, d'après les bases de répartition proposées par le Conseil général.

## DÉPENSES DU MATÉRIEL.

### § 117. **Dépenses ordinaires pour achats d'objets mobiliers, denrées, matières et marchandises** (Art. 1091 et 1094).

Justifications indiquées au § 54. Toutefois s'il s'agit de fournitures d'aliments et d'objets de consommation, produire l'arrêté du Préfet qui aurait autorisé les traités de gré à gré (Voir en outre l'art. 1499 pour les menues dépenses).

Les commissions administratives règlent par leurs délibérations le mode et les conditions des marchés pour fournitures et entretien dont la durée n'excède pas une année, et les travaux de toute nature dont la dépense ne dépasse pas une année. Il est recommandé aux commissions d'employer la voie de l'adjudication publique pour les fournitures et les travaux. Les délibérations sont exécutoires si, trente jours après la notification officielle, le Préfet ne les a pas annulées, soit d'office pour violation de la loi ou d'un règlement d'administration publique, soit sur la réclamation de toute partie intéressée.

Les délibérations des administrations hospitalières concernant les conditions ou cahier des charges des adjudications ou marchés pour fournitures dont la durée excède une année, sont soumises à l'avis des Conseils municipaux et suivent, quant aux autorisations, les mêmes règles que les délibérations de ces conseils.

Les commissions administratives des hospices et hôpitaux peuvent, d'accord avec le Conseil municipal, et sous l'approbation du Préfet, traiter de gré à gré, ou par voie d'abonnement, de la fourniture des aliments et des objets de consommation nécessaires aux établissements hospitaliers.

Les établissements de bienfaisance peuvent faire exécuter, sans adjudication ni marché préalable, les fournitures qui ne dépassent pas 300 francs pour tout l'exercice; mais ils ne peuvent fractionner ces fournitures soit par trimestre, soit en s'adressant à plusieurs fournisseurs, de manière à éluder la règle générale, qui est l'adjudication ou le marché de gré à gré.

* En ce qui concerne les dépenses pour : *entretien du mobilier et des ustensiles, blanchissage, chauffage, éclairage, achats de médicaments, contributions assises sur les biens, loyers, assurances, etc.*, les justifications sont les mêmes que celles qui concernent les communes, sauf que le visa du Maire est remplacé par celui de

l'ordonnateur. Voir les observations détaillées pages 45 et suivantes.

Quelques autres dépenses peuvent être rangées parmi celles du matériel, qui, par leur spécialité, ne comportent pas le mode de justification ordinaire.

* *Avances pour menues dépenses :* ces dépenses se justifient par la production, à l'appui du mandat de l'ordonnateur, de bordereaux récapitulatifs des dépenses, mémoires et factures des fournitures, visés par l'ordonnateur, timbrés lorsque la dépense excède 10 francs.

* *Pensions ou rentes à la charge de l'établissement :* pour les pensions, mandat quittancé, certificat de vie lorsque la quittance n'est pas donnée par le titulaire, ou que le secours est payé dans une autre commune.

* *Secours aux indigents :* Pour les secours en argent, bon individuel quittancé par la partie prenante, ou état nominatif de distribution, certifié par l'ordonnateur et émargé par les parties prenantes. Pour les secours en nature, mémoire timbré du fournisseur, bons individuels ou états nominatifs de distribution.

* *Achat de rentes sur l'État :* une expédition de la délibération de la commission administrative, approuvée par le Préfet; mandat de l'ordonnateur énonçant la provenance des fonds dont il est fait emploi, bordereau de l'agent de change timbré (Art. 861).

* *Placements sur particuliers :* expédition de l'acte de l'autorité administrative qui a approuvé le placement; expédition *timbrée* du contrat portant obligation de l'emprunteur; copie du bordereau de l'inscription hypothécaire.

### § 118. Échanges et acquisitions de propriétés immobilières.

Mêmes justifications que pour les acquisitions et échanges effectuées pour les communes d'après les règles du droit commun (Voir § 55).

Mêmes justifications que pour les acquisitions et échanges effectuées par les communes (voir pages 50 et suivantes), sauf que le décret du 14 juillet 1866 relatif à la dispense de la purge des hypothèques, lorsque le prix est inférieur à 500 francs n'est pas applicable ici. Pour les acquisitions faites en vertu du droit commun, il doit être justifié de la transcription et de la purge quelque minime que soit le prix d'acquisition (Avis du Conseil d'État du 31 mars 1869).

Les délibérations de la commission administrative, relatives aux échanges et aux acquisitions d'immeubles, doivent être accompagnées de l'avis du Conseil municipal. Elles ne sont exécutoires que lorsqu'elles sont revêtues de l'approbation du Préfet (L. du 13 août 1851).

### § 119. Constructions et grosses réparations.

Justifications indiquées au § 59, sauf que le visa du Maire est remplacé par celui de l'ordonnateur.

Pour les *bureaux de bienfaisance*, les justifications sont les mêmes que pour les communes (Voir pages 66 et suivantes).

Pour les *hospices*, les commissions administratives règlent par leurs délibérations les travaux dont la dépense ne dépasse pas 3,000 francs; les délibérations sont exécutoires si, trente jours après la notification, le Préfet ne les a pas annulées. Pour les travaux au-dessous de 3,000 francs, les lélibérations des commissions administratives sont soumises à l'avis des Conseils municipaux, et suivent, quant aux autorisations les mêmes règles que les délibérations de ces Conseils.

### § 120. Réparation de simple entretien et n'excédant pas 300 francs.

Justifications indiquées au § 60.

(Voir ci-dessus, page 70.)

## DÉPENSES EN NATURE.

### § 121. Livraisons à l'économe des produits de fermages ou rentes en denrées (Art. 1078 à 1080, 1460 et 1576).

Les procès-verbaux d'entrée en magasin, dressés conformément à l'instruction du 20 novembre 1836.

Ces procès-verbaux ne sont pas assujettis au timbre, ce sont des pièces d'ordre et d'administration générale, aussi bien que la quittance à souche de l'économe qui doit y être jointe.

### § 122. Livraisons à l'économe des produits des domaines et jardins exploités par l'administration (Art. idem).

Un état, dûment certifié, des produits et de leur évaluation en argent.

Cet état est dispensé de la formalité du timbre.

## SERVICES HORS BUDGET.

### DÉPENSE.

#### § 123. Payement de retraites et pensions.

Justifications indiquées au § 72.

(Voir ci-dessus, page 77.)

#### § 124. Remboursement et emploi en cautionnements des dépôts de garantie pour adjudications et marchés.

Justifications indiquées au § 75.

(Voir ci-dessus, page 78.)

#### § 125. Versements des retenues en vertu d'oppositions (Art. 1106).

Justifications indiquées au § 77

(Voir ci-dessus, page 79 et annexe n° 4.)

#### § 126. Versements ou emploi des deniers pupillaires (Art. 1110).

Pour les placements de fonds, la preuve des versements, et, dans le cas où, à la majorité de l'enfant, une somme lui aurait été remise, quittance de l'enfant et compte de tutelle.

(Voir les observations au § 111, page 88.)

#### § 127. Dépôts d'argent et d'objets précieux (Art. 1111).

Quittances des ayants droit pour les objets restitués et qui doivent être estimés en argent; état des objets qui auraient été vendus au profit de l'établissement (article 1070); état des objets restant en dépôt. Ces deux états certifiés par un membre de la commission administrative.

Les restitutions des sommes et des objets déposés doivent être justifiées dans la comptabilité des receveurs par les quittances ou décharges des ayants droit. Ces quittances ou décharges que les receveurs délivrent au moment du dépôt des objets sont soumises aux droits de timbre de 10 centimes, ainsi que les quittances des ayants droit pour les objets restitués si la somme est supérieure à 10 francs.

#### § 128. Application des recettes faites avant l'ouverture de l'exercice.

Justifications indiquées au § 81.

(Voir ci-dessus, page 80.)

## REFUS DE PAYEMENT.

Les receveurs municipaux et les receveurs des établissements de bienfaisance ne peuvent acquitter aucune dépense, si elle n'a été préalablement ordonnancée sur un crédit régulièrement ouvert. Ils doivent refuser le payement de tout mandat qui n'est pas régulier ou qui n'est pas accompagné des pièces voulues par les règlements, et dont le tableau est donné à l'article 1542 de l'instruction générale.

Tout payement qui serait effectué sans l'accomplissement de ces formalités resterait à la charge du comptable (Art. 998 de l'Instruction générale).

En conséquence, les receveurs sont autorisés à refuser le payement des mandats qui ne seraient point accompagnés des justifications prescrites.

Le refus de payement est d'ailleurs soumis aux règles suivantes :

Les receveurs ne peuvent refuser ou retarder le payement des mandats, que dans les seuls cas :

Où la somme ordonnancée ne porterait pas sur un crédit ouvert, ou excéderait ce crédit;

Où les pièces produites seraient insuffisantes ou irrégulières;

Où il y aurait opposition, dûment signifiée entre les mains du comptable, contre le payement réclamé;

Enfin où, par suite de retards dans le recouvrement des revenus, il y aurait insuffisance de fonds dans la caisse du receveur (Art. 1000).

Tout refus ou retard de payement doit être motivé dans une *déclaration écrite,* immédiatement délivrée par le receveur au porteur du mandat, lequel se retire devant le Maire pour que ce dernier avise aux mesures à prendre ou à provoquer (Art. 1001).

Le receveur qui aurait indûment refusé ou retardé un payement régulier, et qui n'aurait pas délivré au porteur du mandat la déclaration motivée de son refus, serait responsable des dommages qui pourraient en résulter, et encourrait, en outre, selon la gravité des cas, la perte de son emploi (Art. 1002).

Les comptables n'ont point qualité pour apprécier le mérite des faits auxquels se rapportent les pièces à l'appui de chaque mandat.

Il suffit, pour garantir leur responsabilité, qu'elles soient visées, et par conséquent attestées par l'ordonnateur.

Si cependant un comptable s'apercevait ou avait de suffisantes raisons de croire que l'ordonnateur a été trompé, il devrait, nonobstant l'apparente régularité des pièces, suspendre le payement et avertir l'ordonnateur sans aucun retard; mais, si ce dernier lui donne alors l'ordre de payer, il doit s'y conformer immédiatement (Art. 1003).

Dans le cas où le comptable refuse de reconnaître régulières en la forme des pièces que le Maire persisterait à déclarer régulières et suffisantes, le receveur des finances est appelé naturellement à statuer sur le refus du receveur, sauf recours, par le Maire, au trésorier payeur général et successivement au Ministre des finances.

Si le Maire refusait d'ordonnancer une dépense régulièrement autorisée et liquide, il serait prononcé par le Préfet en Conseil de préfecture (L. du 18 juillet 1837, art. 61. D. du 31 mai 1862, art. 505).

Quand le Préfet a mandaté *d'office* une dépense communale, conformément à l'article 61 de la loi du 18 juillet 1837, la dépense est imputée sur le crédit ouvert, s'il y a un crédit; dans le cas contraire, le mandat vaut crédit supplémentaire.

D'après la règle établie aux articles 984 et 988 de l'Instruction générale, les receveurs doivent refuser le payement des mandats qui leur seraient présentés après l'époque fixée pour la clôture de l'exercice; ces mandats sont annulés, sauf réordonnancement ultérieur (Art. 1004).

# ANNEXE N° 1.

## LOI SUR LES CONSEILS MUNICIPAUX (1).

Du 24 juillet 1867.

### TITRE PREMIER. — DES ATTRIBUTIONS DES CONSEILS MUNICIPAUX.

ART. 1er. Les Conseils municipaux règlent, par leurs délibérations, les affaires ci-après désignées, savoir :

1° Les acquisitions d'immeubles, lorsque la dépense, totalisée avec celle des autres acquisitions déjà votées dans le même exercice, ne dépasse pas le dixième des revenus ordinaires de la commune;

2° Les conditions des baux à loyer des maisons et bâtiments appartenant à la commune, pourvu que la durée du bail ne dépasse pas dix-huit ans;

3° Les projets, plans et devis de grosses réparations et d'entretien, lorsque la dépense totale afférente à ces projets et aux autres projets de la même nature, adoptés dans le même exercice, ne dépasse pas le cinquième des revenus ordinaires de la commune, ni, en aucun cas, une somme de 50,000 francs;

4° Le tarif des droits de place à percevoir dans les halles, foires et marchés;

5° Les droits à percevoir pour permis de stationnement et de location sur les rues, places et autres lieux dépendant du domaine public communal;

6° Le tarif des concessions dans les cimetières;

7° Les assurances des bâtiments communaux;

8° L'affectation d'une propriété communale à un service communal, lorsque cette propriété n'est encore affectée à aucun service public, sauf les règles prescrites par des lois particulières;

9° L'acceptation ou le refus de dons ou legs faits à la commune sans charges, conditions ni affectation immobilière, lorsque ces dons et legs ne donnent pas lieu à réclamation.

(1) Projet de loi sur les Conseils généraux et les Conseils municipaux présenté au Corps législatif dans la séance du 16 février 1865, reporté à la session 1866, puis à la session 1867, en ce qui concerne les attributions des Conseils municipaux.

En cas de désaccord entre le Maire et le Conseil municipal, la délibération ne sera exécutoire qu'après approbation du Préfet.

ART. 2. Lorsque le budget communal pourvoit à toutes les dépenses obligatoires et qu'il n'applique aucune recette extraordinaire aux dépenses soit obligatoires, soit facultatives, les allocations portées audit budget par le Conseil municipal, pour des dépenses facultatives, ne peuvent être ni changées ni modifiées par l'arrêté du Préfet ou par le décret qui règle le budget.

ART. 3. Les Conseils municipaux peuvent voter, dans la limite de maximun fixé chaque année par le Conseil général, des contributions extraordinaires n'excédant pas 5 centimes pendant cinq années, pour en affecter le produit à des dépenses extraordinaires d'utilité communale.

Ils peuvent aussi voter 3 centimes extraordinaires, exclusivement affectés aux chemins vicinaux ordinaires.

Les Conseils municipaux votent et règlent, par leurs délibérations, les emprunts communaux remboursables sur les centimes extraordinaires votés comme il vient d'être dit au premier paragraphe du présent article, ou sur les ressources ordinaires, quand l'amortissement, en ce dernier cas, ne dépasse pas douze années.

En cas de désaccord entre le Maire et le Conseil municipal, la délibération ne sera exécutoire qu'après approbation du Préfet.

ART. 4. A l'avenir, les forêts et les bois de l'État acquitteront les centimes additionnels ordinaires et extraordinaires affectés aux dépenses des communes, dans la proportion de la moitié de leur valeur imposable, le tout sans préjudice des dispositions de l'article 13 de la loi du 21 mai 1836 (1), de l'article 3 de la loi du 12 juillet 1865 (2) et du paragraphe 2 de l'article 3 de la présente loi.

ART. 5. Les Conseils municipaux votent, sauf approbation du Préfet :

(1) *Loi sur les chemins vicinaux du 21 mai* 1836, art. 13 : Les propriétés de l'État, productives de revenus, contribueront aux dépenses des chemins vicinaux dans les mêmes proportions que les propriétés privées, et d'après un rôle spécial dressé par le Préfet.

Les propriétés de la couronne contribueront aux mêmes dépenses, conformément à l'article 13 de la loi du 2 mars 1832.

(2) *Loi sur les chemins de fer d'intérêt local du* 12 *juillet* 1865, art. 3 : Les ressources, créées en vertu de la loi du 21 mai 1836, peuvent être affectées en partie par les communes et les départements à la dépense des chemins de fer d'intérêt local.

L'article 13 de ladite loi est applicable aux centimes extraordinaires que les communes et les départements s'imposeront pour l'exécution de ces chemins.

1° Les contributions extraordinaires qui dépasseraient 5 centimes sans excéder le maximum fixé par le Conseil général, et dont la durée ne serait pas supérieure à douze années;

2° Les emprunts remboursables sur ces mêmes contributions extraordinaires ou sur les revenus ordinaires, dans un délai excédant douze années.

Art. 6. L'article 18 de la loi du 18 juillet 1837 (1) est applicable aux délibérations prises par les Conseils municipaux en exécution des articles 1er, 2 et 3 qui précèdent.

L'article 42 (2) de la même loi est applicable aux contributions extraordinaires et aux emprunts votés par les Conseils municipaux en exécution des articles 3 et 5.

Art. 7. Toute contribution extraordinaire dépassant le maximum fixé par le Conseil général, et tout emprunt remboursable sur ressources extraordinaires, dans un délai excédant douze années, sont autorisés par décret.

Le décret est rendu en Conseil d'État, s'il s'agit d'une commune ayant un revenu supérieur à 100,000 francs.

Il est statué par une loi, si la somme à emprunter dépasse un million, ou si ladite somme, réunie au chiffre d'autres emprunts non encore remboursés, dépasse un million.

Art. 8. L'établissement de taxes d'octroi votées par les Conseils municipaux, ainsi que les règlements relatifs à leur perception, sont autorisés par décrets rendus sur l'avis du Conseil d'État.

Il en sera de même en ce qui concerne :

(1) *Loi municipale du* 18 *juillet* 1837, art. 18 : Expédition de toute délibération sur un des objets énoncés en l'article précédent est immédiatement adressée par le Maire au Sous-Préfet, qui en délivre ou fait délivrer récépissé. La délibération est exécutoire si, dans les trente jours qui suivent la date du récépissé, le Préfet ne l'a pas annulée, soit d'office, pour violation d'une disposition de la loi ou d'un règlement d'administration publique, soit sur la réclamation de toute partie intéressée.

Toutefois, le Préfet peut suspendre l'exécution de la délibération pendant un autre délai de trente jours.

(2) Art. 42 *de la loi du* 18 *juillet* 1837 : Dans les communes dont les revenus sont inférieurs à 100,000 francs, toutes les fois qu'il s'agira de contributions extraordinaires ou d'emprunts, les plus imposés aux rôles de la commune seront appelés à délibérer avec le Conseil municipal, en nombre égal à celui des membres en exercice.

Ces plus imposés seront convoqués individuellement, par le Maire, au moins dix jours avant celui de la réunion.

Lorsque les plus imposés appelés seront absents, ils seront remplacés en nombre égal par les plus imposés portés après eux sur le rôle.

1° Les modifications aux règlements ou aux périmètres existants;

2° L'assujettissement à la taxe d'objets non encore imposés dans le tarif local;

3° L'établissement ou le renouvellement d'une taxe sur des objets non compris dans le tarif général indiqué ci-après;

4° L'établissement ou le renouvellement d'une taxe excédant le maximum fixé par ledit tarif général.

Art. 9. Sont exécutoires, dans les conditions déterminées par l'article 18 de la loi du 18 juillet 1837 (1), les délibérations prises par les Conseils municipaux, concernant :

1° La suppression ou la diminution des taxes d'octroi;

2° La prorogation des taxes principales d'octroi pour cinq ans au plus;

3° L'augmentation des taxes jusqu'à concurrence d'un décime pour cinq ans au plus.

Sous la condition, toutefois, qu'aucune des taxes ainsi maintenues ou modifiées n'excédera le maximum déterminé dans un tarif général qui sera établi, après avis des Conseils généraux, par un règlement d'administration publique, ou qu'aucune desdites taxes ne portera sur des objets non compris dans ce tarif.

En cas de désaccord entre le Maire et le Conseil municipal, la délibération ne sera exécutoire qu'après approbation du Préfet.

Art. 10. Sont exécutoires, sur l'approbation du Préfet, lesdites délibérations ayant pour but :

La prorogation des taxes additionnelles actuellement existantes;

L'augmentation des taxes principales au-delà d'un décime,

Dans les limites du maximum des droits et de la nomenclature des objets fixés par le tarif général.

Art. 11. Les Conseils municipaux délibèrent sur l'établissement des marchés d'approvisionnement dans leur commune.

Le paragraphe 3 de l'article 6 (2) et le paragraphe 3 de l'article 41 (3) de la loi du 10 mai 1838 sont abrogés en ce qui concerne lesdits marchés.

(1) Voir en note, la reproduction de l'article 18 de la loi du 18 juillet 1837.

(2) *Loi sur les attributions des Conseils généraux et des Conseils d'arrondissement du 10 mai 1838*, art. 6 : Le Conseil général donne son avis.....

§ 3. Sur l'établissement, la suppression ou le changement des foires et marchés.

(3) Art. 41 *de la loi du 10 mai 1838* : Le Conseil d'arrondissement donne son avis.....

§ 3. Sur l'établissement et la suppression ou le changement des foires et des marchés.

Art. 12. Les délibérations des commissions administratives des hospices, hôpitaux et autres établissements charitables communaux, concernant un emprunt, sont exécutoires en vertu d'un arrêté du Préfet, sur avis conforme du Conseil municipal, lorsque la somme à emprunter ne dépasse pas le chiffre des revenus ordinaires de l'établissement, et que le remboursement doit être effectué dans un délai de douze années.

Si la somme à emprunter dépasse ledit chiffre, ou si le délai de remboursement est supérieur à douze années, l'emprunt ne peut être autorisé que par un décret du chef de l'État.

Le décret d'autorisation est rendu dans la forme des règlements d'administration publique, si l'avis du Conseil municipal est contraire ou s'il s'agit d'un établissement ayant plus de 100,000 francs de revenus.

L'emprunt ne peut être autorisé que par une loi, lorsque la somme à emprunter dépasse 500,000 francs, ou lorsque ladite somme, réunie au chiffre d'autres emprunts non encore remboursés, dépasse 500,000 francs.

Art. 13. Les changements dans la circonscription territoriale des communes faisant partie du même canton sont définitivement approuvées par les Préfets, après accomplissement des formalités prévues au titre Ier de la loi du 18 juillet 1837, en cas de consentement des Conseils municipaux, et sur avis conforme du Conseil général.

Si l'avis du Conseil général est contraire, ou si les changements proposés dans les circonscriptions communales modifient la composition d'un département, d'un arrondissement ou d'un canton, il est statué par une loi.

Tous autres changements dans la circonscription territoriale des communes sont autorisés par des décrets rendus dans la forme des règlements d'administration publique.

Art. 14. La création des bureaux de bienfaisance est autorisée par les Préfets, sur l'avis des Conseils municipaux.

## TITRE II. — Dispositions concernant les villes ayant trois millions de revenus.

Art. 15. Les budgets des villes et des établissements de bienfaisance ayant trois millions au moins de revenus sont soumis à l'approbation du chef de l'État, sur la proposition du Ministre de l'intérieur.

Art. 16. Les traités à passer pour l'exécution, par entreprises, des travaux d'ouverture des nouvelles voies publiques et de tous autres travaux communaux déclarés d'utilité publique, dans lesdites villes, sont approuvés par décrets rendus en Conseil d'État.

Il en est de même des traités portant concession, à titre exclusif ou pour une durée de plus de trente années, des grands services municipaux desdites villes, ainsi que des tarifs et traités relatifs aux pompes funèbres.

Art. 17. Les dispositions de la présente loi et celles de la loi du 18 juillet 1837 et du décret du 25 mars 1852, qui sont encore en vigueur, sont applicables à l'administration de la ville de Paris et de la ville de Lyon.

Les délibérations prises par les Conseils municipaux desdites villes, sur les objets énumérés dans les articles 1er et 9 de la présente loi, ne sont exécutoires, en cas de désaccord entre le Préfet et le Conseil municipal, qu'en vertu d'une approbation donnée par décret.

Aucune imposition extraordinaire ne peut être établie dans ces villes, aucun emprunt ne peut être contracté par elles, sans qu'elles y soient autorisées par une loi.

Il n'est pas dérogé aux dispositions spéciales concernant l'organisation des administrations de l'assistance publique, du mont-de-piété et de l'octroi de Paris.

## TITRE III. — Renouvellement des conseils municipaux.

Art. 18. A l'avenir, les Conseils municipaux seront élus pour sept ans.

## TITRE IV. — Dispositions diverses.

Art. 19. Dans le cas où une commune sera divisée en sections pour l'élection des Conseillers municipaux, conformément à l'article 7 de la loi du 5 mai 1855 (1), la réunion des électeurs ne

(1) *Loi sur l'organisation municipale du 5 mai* 1855, art. 7 : Les membres du Conseil municipal sont élus par les électeurs inscrits sur la liste communale dressée en vertu de l'article 13 du décret du 2 février 1852.

Le Préfet peut, par un arrêté, pris en Conseil de préfecture, diviser les communes en sections électorales.

Il peut, par le même arrêté, répartir entre les sections le nombre des conseillers à élire, en tenant compte du nombre des électeurs inscrits.

pourra avoir lieu avant le dixième jour, à compter de l'arrêté du Préfet.

Art. 20. Les gardes champêtres sont chargés de rechercher, chacun dans le territoire pour lequel il est assermenté, les contraventions aux règlements de police municipale. Ils dressent des procès-verbaux pour constater ces contraventions.

Art. 21. Nul ne peut être Maire ou Adjoint dans une commune et Conseiller municipal dans une autre commune.

Art. 22. La commission nommée en cas de dissolution d'un Conseil municipal, conformément à l'article 13 de la loi du 5 mai 1855 (1), peut être maintenue en fonctions pendant trois ans.

Art. 23. L'article 50 de la loi du 5 mai 1855 est abrogé (2).

(1) *Même loi.* Art. 13. « Les Conseils municipaux peuvent être suspendus par le Préfet : la dissolution ne peut être prononcée que par le chef de l'État.

La suspension prononcée par le Préfet sera de deux mois, et pourra être prolongée par le Ministre de l'intérieur jusqu'à une année; à l'expiration de ce délai, si la dissolution n'a pas été prononcée par un décret, le Conseil municipal reprend ses fonctions.

En cas de suspension, le Préfet nomme immédiatement une commission pour remplir les fonctions du Conseil municipal dont la suspension a été prononcée.

En cas de dissolution, la commission est nommée soit par le chef de l'État, soit par le Préfet, suivant la distinction établie au paragraphe 1er de l'article 2 de la présente loi. Le nombre des membres de cette commission ne peut être inférieur à la moitié de celui des conseillers municipaux. La commission nommée en cas de dissolution peut être maintenue en fonctions jusqu'au renouvellement quinquennal.

(2) *Même loi*, art. 50 : Dans les communes chefs-lieux de département dont la population excède quarante mille âmes, le Préfet remplit les fonctions de Préfet de police, telles qu'elles sont réglées par les dispositions actuellement en vigueur de l'arrêté des consuls du 12 messidor an VIII. Toutefois, les Maires desdites communes restent chargés, sous la surveillance du Préfet, et sans préjudice des attributions, tant générales que spéciales, qui leur sont conférées par les lois, 1° de tout ce qui concerne l'établissement, l'entretien, la conservation des édifices communaux, cimetières, promenades, places, rues et voies publiques, ne dépendant pas de la grande voirie, l'établissement et la réparation des fontaines, aqueducs, pompes et égouts; 2° de la police municipale, en tout ce qui a rapport à la sûreté et à la liberté du passage sur la voie publique, à l'éclairage, au balayage, aux arrosements, à la solidité et à la salubrité des constructions privées;

Aux mesures propres à prévenir et à arrêter les accidents et fléaux calamiteux, tels que les incendies, les épidémies, les épzooties, les débordements;

Aux secours à donner aux noyés;

A l'inspection de la salubrité des denrées, boissons, comestibles et autres marchandises mises en vente publique, et de la fidélité de leur débit.

3° De la fixation des mercuriales;

4° Des adjudications, marchés et baux.

Les Conseils municipaux desdites communes sont appelés, chaque année, à voter, sur la proposition du Préfet, les allocations qui doivent être affectées à chacun des services dont les Maires cessent d'être chargés. Ces dépenses sont obligatoires.

Si un Conseil n'allouait pas les fonds exigés pour ces dépenses, ou n'allouait qu'une somme insuffisante, l'allocation nécessaire serait inscrite au budget par décret, le Conseil d'État entendu.

Toutefois, dans les villes chefs-lieux de département ayant plus de quarante mille âmes de population, l'organisation du personnel chargé des services de la police est réglée, sur l'avis du Conseil municipal, par un décret, le Conseil d'État entendu.

Les inspecteurs de police, les brigadiers, sous-brigadiers et agents de police sont nommés par le Préfet, sur la présentation du Maire.

Si un Conseil municipal n'allouait pas les fonds exigés pour la dépense, ou n'allouait qu'une somme insuffisante, l'allocation nécessaire serait inscrite au budget par décret, le Conseil d'État entendu.

Art. 24. Toutes les dispositions des lois antérieures demeurent abrogées en ce qu'elles ont de contraire à la présente loi.

## MODIFICATIONS

apportées à divers articles de l'Instruction générale du 20 juin 1859, en exécution de la loi du 24 juillet 1867 sur les Conseils municipaux.

### *Centimes additionnels pour dépenses communales.*

(Lois des 15 mai 1818, art. 31, 21 mai 1836, 18 et 20 juillet 1837, 14 juillet 1838, 10 août 1839 et 15 mars 1850; instructions du Ministère de l'intérieur des 27 mars 1837, 7 août 1846 et 5 mai 1852.)

13. Conformément aux dispositions combinées des articles 31 de la loi du 15 mai 1818 et 31 et 33 de la loi du 18 juillet 1837, il est imposé chaque année dans toutes les communes, à l'exception de celles qui ont déclaré que cette imposition leur est inutile, 5 *centimes additionnels affectés aux dépenses communales ordinaires.*

Les communes peuvent, si les centimes additionnels ordinaires et leurs autres revenus sont insuffisants pour faire face aux dépenses d'une utilité reconnue, s'imposer, en outre, un nombre de centimes additionnels proportionné aux besoins; mais, sauf des cas très-rares et tout à fait exceptionnels, ces impositions ne doivent pas, aux termes des instructions de Ministère de l'intérieur, excéder 20 centimes du principal des contributions, non compris les centimes additionnels spéciaux affectés au traitement des gardes champêtres, non plus que les centimes qui se rapportent soit aux *dépenses obligatoires*, soit aux *dépenses annuelles facultatives* (art. 14 et 814).

14. Enfin, les communes sont tenues de s'imposer, en cas d'in-

suffisance de leurs ressources, les centimes additionnels nécessaires pour les *dépenses de l'instruction primaire* et pour les *dépenses des chemins vicinaux*. Le maximum de ces impositions est fixé à 3 *centimes* pour les dépenses de l'*instruction primaire* par la loi du 15 mars 1850, et à 5 *centimes* pour les *dépenses des chemins vicinaux*, par la loi du 21 mai 1836; elles ne sont pas comprises non plus dans le maximum déterminé pour les centimes facultatifs affectés aux autres dépenses communales.

Ces impositions peuvent, à défaut du vote des Conseils municipaux, être établies *d'office* par décret pour la première nature de dépense, et par des arrêtés des Préfets pour la deuxième.

(Loi de finances de l'exercice 1868, art. 16; loi du 24 juillet 1867, art. 20.)

15. Les centimes communaux *ordinaires* portent sur les contributions *foncière et personnelle-mobilière;* toutes les autres impositions communales sont établies additionnellement aux *quatre contributions directes*.

(Lois des 23 juillet 1820 et 25 avril 1844, art. 33, et circulaire de l'administration des contributions directes du 14 août 1844.)

Les centimes additionnels imposés dans plusieurs localités pour subvenir aux *frais de bourses et chambres de commerce* ne portent que sur *quelques classes de patentables*.

*Contributions extraordinaires.*

(Loi du 24 juillet 1867, art. 3, 5 et 7; instruction du Ministère de l'intérieur du 3 août 1867.)

16. Les Conseils municipaux peuvent voter, dans la forme prescrite par l'article 42 de la loi du 18 juillet 1837, et dans la limite du maximum fixé chaque année par le Conseil général, lequel ne peut excéder 20 centimes (loi du 18 juillet 1866, art. 4), des contributions extraordinaires *n'excédant pas* 5 *centimes pendant cinq ans*, pour en affecter le produit à des dépenses extraordinaires d'utilité communale, soit obligatoires, soit facultatives.

Ne sont pas compris dans le maximum fixé par le Conseil général les centimes extraordinaires et spéciaux que les Conseils municipaux *peuvent* voter, jusqu'au maximum de 4, pour assurer la gratuité de l'enseignement (art. 8 de la loi du 10 avril 1867), ni les 3 centimes exclusivement affectés aux chemins vicinaux ordinaires par l'article 3 de la loi du 24 juillet 1867. A la différence de ceux dont il est question ci-dessus à l'article 14, ces centimes ont un caractère purement facultatif.

En cas de désaccord entre le Maire et le Conseil municipal, la délibération n'est exécutoire qu'après approbation du Préfet.

Dans le cas où il n'y a pas dissentiment entre le Maire et le Conseil municipal, la délibération, qui doit être immédiatement adressée au Sous-Préfet, est exécutoire si, dans les trente jours qui suivent l'accusé de réception de la délibération par le Sous-Préfet, le Préfet ne l'a pas annulée, soit d'office pour violation de la loi ou d'un règlement d'administration publique, soit sur la réclamation de toute partie intéressée. Toutefois le Préfet peut suspendre l'exécution de la délibération pendant un autre délai de trente jours.

Les Conseils municipaux votent, conformément à l'article 42 de la loi du 18 juillet 1837, et sauf approbation du Préfet, les contributions extraordinaires, pour dépenses obligatoires ou facultatives, qui *dépasseraient 5 centimes, sans excéder le maximum fixé par le Conseil général et dont la durée ne serait pas supérieure à douze années.*

Toute contribution extraordinaire *dépassant le maximum fixé par le Conseil général* est autorisé par décret.

Toutefois, il appartient au Préfet, même au-dessus de ce maximum, et en vertu de l'article 40 de la loi du 18 juillet 1837, d'approuver dans les communes ayant moins de 100,000 francs de revenus les impositions extraordinaires destinées au payement des *dépenses obligatoires.* Ces impositions sont approuvées, dans les communes dont le revenu est égal ou supérieur à 100,000 francs, par un décret.

(Loi du 24 juillet 1867, art. 17.)

Aucune imposition extraordinaire ne peut être établie dans les villes de Paris et de Lyon sans qu'elle y soit autorisée par une loi.

(Loi du 18 juillet 1837, art. 39; loi de finances annuelle.)

Si les Conseils municipaux n'ont pas alloué de fonds pour une *dépense déclarée obligatoire* par la loi, il peut être pourvu à la dépense au moyen d'une contribution extraordinaire *établie d'office* par un décret. Cette contribution ne doit pas excéder le maximum de 10 *centimes*, à moins qu'il ne s'agisse de l'acquit de dettes résultant de condamnations judiciaires, auquel cas elle peut être élevée jusqu'à 20 *centimes* (Art. 814).

(Loi du 24 juillet 1867, art. 4.)

17. Les forêts et les bois de l'État acquittent les centimes additionnels *ordinaires et extraordinaires* affectés aux dépenses des communes dans la proportion de la moitié de leur valeur imposable, sans préjudice des dispositions de l'article 13 de la loi du 21 mai 1836, de l'article 3 de la loi du 12 juillet 1865 et du paragraphe 2 de l'article 3 de la loi du 24 juillet 1867.

(Lois des 15 décembre 1789 et 28 pluviôse an VIII; arrêté du 4 thermidor an X; décret du 14 février 1806; ordonnances des 28 janvier 1815, 24 janvier 1843, 23 avril 1823 et 1er mars 1835; décret du 31 mai 1862, art. 489.)

(Instructions du Ministère de l'intérieur des 20 avril 1834, 10 avril 1835, 15 juin 1836 et 1er juillet 1837; loi du 18 juillet 1837, art. 33; décret du 31 mai 1862, art. 490; décret du 25 mars 1852. § 35 du tableau A; circulaire du Ministère de l'intérieur du 5 mai suivant; instruction du Ministère de l'intérieur du 3 août 1867.)

(Loi du 24 juillet 1867, art. 15.)

814. Le budget de chaque exercice est proposé par le Maire, délibéré par le Conseil municipal dans sa session ordinaire et annuelle du mois de mai et approuvé par le Préfet.

Toutefois, les budgets des villes ayant 3 millions au moins de revenus sont soumis à l'approbation du chef de l'État, sur la proposition du Ministre de l'intérieur.

Pour les villes dont les revenus sont de 100,000 *francs et au-dessus,* le budget est réglé par un décret lorsqu'il présente des impositions extraordinaires qu'il appartient au Gouvernement d'autoriser, aux termes de l'article 7 de la loi du 24 juillet 1867 (Art. 16).

Ne sont pas considérées comme impositions extraordinaires les centimes additionnels pour le *salaire du garde champêtre*, pour les dépenses de l'*instruction primaire* et des *chemins vicinaux,* pour les dépenses *obligatoires* et même pour les dépenses *facultatives annuelles* (Art. 13, 14 et 16).

Le revenu d'une commune est réputé atteindre 100,000 francs lorsque les recettes ordinaires, légalement constatées par les comptes, se sont élevées à cette somme pour les trois derniers exercices; il n'est réputé être descendu au-dessous de 100,000 fr.

que lorsque, également pour les trois derniers exercices, les recettes ordinaires sont restées inférieures à cette même somme.

(Loi du 24 juillet 1867, art. 2.)

818. Lorsque le budget communal pourvoit à toutes les dépenses obligatoires et qu'il n'applique aucune recette extraordinaire aux dépenses, soit obligatoires, soit facultatives, les allocations portées audit budget par le Conseil municipal pour les dépenses facultatives ne peuvent être ni changées ni modifiées par l'arrêté du Préfet ou par le décret qui règle le budget.

*Revenus des biens. — Prix de ferme des maisons, usines et biens ruraux. — Droit de chasse.*

(Arrêté du Gouvernement du 7 germinal an IX; ordonnance du 7 octobre 1818; loi du 18 juillet 1837, art. 18 et 47; instruction du Ministre de l'intérieur du 17 août 1837; décret du 25 mars 1852, § 44 du tableau A; instruction du Ministre de l'intérieur du 5 mai 1852; loi du 24 juillet 1867, art. 1er et 6.)

854. Les maisons, usines, prés et autres biens ruraux possédés par les communes doivent, autant que possible, être affermés.

Les Conseils municipaux règlent, par leurs délibérations, les conditions des baux, pourvu que la durée du bail ne dépasse pas dix-huit ans.

En cas de désaccord entre le Maire et le Conseil municipal, la délibération n'est exécutoire qu'après approbation du Préfet.

Dans le cas où il n'y a pas dissentiment entre le Maire et le Conseil municipal, la délibération, qui doit être immédiatement adressée au Sous-Préfet, est exécutoire si, dans les trente jours qui suivent l'accusé de réception de la délibération par le Sous-Préfet, le Préfet ne l'a pas annulée, soit d'office pour violation de la loi ou d'un règlement d'administration publique, soit sur la réclamation de toute partie intéressée. Toutefois, le Préfet peut suspendre l'exécution de la délibération pendant un autre délai de trente jours.

(Loi du 24 juillet 1867, art. 17.)

Les délibérations prises par les Conseils municipaux des villes de Paris et de Lyon ne sont exécutoires, en cas de désaccord entre le Préfet et le Conseil municipal, qu'en vertu d'une approbation donnée par décret.

Les règles ci-dessus sont applicables aux assurances des bâtiments communaux.

Le Conseil municipal délibère seulement sur les conditions des baux d'une plus longue durée; les délibérations, dans ce cas, doivent être approuvées par le Préfet.

Quelle que soit la durée du bail, l'acte passé par le Maire n'est exécutoire qu'après l'approbation du Préfet.

(Circulaire du Ministère de l'intérieur du 4 novembre 1850.)

Une expédition des procès-verbaux d'adjudication de droit de chasse dans les bois communaux doit être adressée aux agents forestiers locaux, qui ont seuls mission d'assurer l'exécution des lois et règlements sur la chasse dans ces bois.

(Loi du 24 juillet 1867, art. 1er, § 8.)

856. Les règles tracées à l'article 854 devraient être suivies si, au lieu d'un bail, il s'agissait de l'affectation d'une propriété communale à un service communal, lorsque cette propriété n'est encore affectée à aucun service public, sauf les règles prescrites par des lois particulières.

### *Droits d'octroi. — Modes divers de recouvrement.*

(Décrets des 17 mai 1809 et 15 novembre 1810; ordonnance du 9 décembre 1814; loi du 28 avril 1816; circulaires ministérielles de l'administration des contributions indirectes des 9 mai 1823, 16 septembre 1834 et 17 août 1837; loi du 11 juin 1842, art. 8, 9 et 10; décrets des 17 mars 1852 et 25 du même mois, tableau A, § 9; circulaires de l'administration des douanes et des contributions indirectes des 9 avril, 12 octobre et 5 novembre 1852, 13 avril 1855 et 24 décembre 1857; circulaire du Ministère de l'intérieur du 17 septembre 1852; circulaire du Ministère des finances du 29 octobre 1852, à laquelle est joint le cahier des charges; loi du 24 juillet 1867, art. 8, 9 et 10; instruction du Ministère de l'intérieur du 3 août 1867.)

915. Dans les communes dont les revenus sont insuffisants pour leurs dépenses, il peut être établi, d'après la demande des Conseils municipaux, un *droit d'octroi* sur les consommations locales.

L'établissement des taxes d'octroi et les règlements relatifs à leur perception sont soumis à l'approbation du Gouvernement, d'après les règles posées par l'ordonnance du 9 décembre 1814, et par les lois des 28 avril 1816, 11 juin 1842 et 24 juillet 1867, articles 8, 9 et 10.

Des décrets rendus sur l'avis du Conseil d'État autorisent de même :

1° Les modifications aux règlements ou aux périmètres existants;

2° L'assujettissement à la taxe d'objets non encore imposés dans le tarif local;

3° L'établissement ou le renouvellement d'une taxe sur des objets non compris dans le tarif général établi, après avis des Conseils généraux, par un règlement d'administration publique;

4° L'établissement ou le renouvellement d'une taxe excédant le maximum fixé par ledit tarif général.

(Loi du 24 juillet 1867, art. 9.)

916. Les Conseils municipaux règlent par leurs délibérations, sous les conditions rappelées à l'article 854 :

1° La suppression ou la diminution des taxes d'octroi;

2° La prorogation des taxes principales d'octroi pour cinq ans au plus;

3° L'augmentation des taxes jusqu'à concurrence d'un décime pour cinq ans au plus.

Il demeure entendu, toutefois, qu'aucune des taxes ainsi maintenues ou modifiées n'excédera le maximum déterminé dans le tarif général mentionné ci-dessus, ou ne portera sur des objets non compris dans ce tarif.

(Loi du 24 juillet 1867, art. 10.)

Sont exécutoires, sur l'approbation du Préfet, les délibérations ayant pour but la prorogation des taxes additionnelles existantes, l'augmentation des taxes principales au delà d'un décime, dans les limites du maximum des droits et de la nomenclature des objets fixés par le tarif général.

(Instruction du Ministère de l'intérieur du 3 août 1867.)

Quant aux surtaxes d'octroi, elles ne peuvent, aux termes de l'article 9 de la loi de finances du 11 juin 1842 et de l'article 18 de la loi de finances du 22 juin 1854, être établies qu'en vertu d'une loi spéciale.

917. Les divers modes de perception des droits d'octroi sont les suivants : *la regie simple, la régie intéressée, le bail à ferme et l'abonnement avec l'administration des contributions indirectes.*

(Décret du 17 mai 1809.)

*La régie simple* est la perception de l'octroi sous la direction immédiate des Maires.

*La régie intéressée* consiste à traiter avec un régisseur, à la condition d'un prix fixe ou d'une portion déterminée dans les produits excédant le prix principal et la somme abonnée pour les frais.

*La ferme* est l'adjudication pure et simple, moyennant un prix convenu sans partage de bénéfices et sans allocation de frais.

(Ordonnance du 9 décembre 1814.)

*L'abonnement avec l'administration des contributions indirectes* a pour effet de mettre la perception sous la direction de cette administration.

*Droits de location dans les halles, foires et marchés. — Permis de stationnement et de location sur les rues, places et autres lieux dépendant du domaine public communal.*

(Arrêté du Gouvernement du 7 brumaire an IX; loi du 29 floréal an X; décrets des 2 nivôse an XII et 26 septembre 1811; instruction du Ministre de l'intérieur du 10 novembre 1821; loi du 18 juillet 1837; décret du 25 mars 1852, art. 1er, § 34 de la première partie du tableau A, et § *x* de la deuxième partie; circulaire du Ministère de l'intérieur du 5 mai suivant; loi du 24 juillet 1867, art. 1 et 6.)

925. Les Conseils municipaux règlent par leurs délibérations, sous les conditions rappelées à l'article 854, le tarif des droits de place à percevoir dans les halles, foires et marchés, et de ceux relatifs aux permis de stationnement et de location sur les rues, places et autres lieux dépendant du domaine public communal.

Ces droits sont perçus par la voie de régie simple, de régie intéressée ou de ferme.

Lorsque le Conseil municipal adopte la mise en ferme ou en régie intéressée, il y a lieu d'appliquer les règles tracées par les articles 918 et 921 pour les droits d'octroi perçus de la même manière, et par le dernier alinéa de l'article 924 pour la nature et le mode de réalisation du cautionnement (Art. 509, § 21 de la note, et art. 526).

Les époques du versement des produits aux caisses municipales sont déterminées par l'acte d'adjudication.

En cas de retard dans les versements, les adjudicataires sont poursuivis par les moyens indiqués à l'article 850.

(Loi du 24 juillet 1867, art. 11.)

Les Conseils municipaux délibèrent sur l'établissement des marchés d'approvisionnement dans leur commune.

*Produits des concessions dans les cimetières, des concessions d'eau et autres concessions faites par les communes.*

(Loi du 18 juillet 1837; ordonnance du 6 décembre 1843; loi du 24 juillet 1867, art. 1 et 6.)

927. Le produit des concessions d'eau et autres concessions faites par les communes est également perçu par les receveurs municipaux, d'après les tarifs régulièrement arrêtés par les Préfets.

Toutefois, le tarif des concessions dans les cimetières est réglé par une délibération du Conseil municipal qui est exécutoire sous les conditions rappelées à l'article 854.

Le prix des concessions de terrain pour les sépultures est attribué, savoir : deux tiers à la commune, un tiers aux pauvres ou aux établissements de bienfaisance (Voir l'article 1095 et les paragraphes 46° et 80° de la nomenclature qui fait suite à l'article 1542).

(Loi du 18 juillet 1837, art. 40; instruction du Ministère de l'intérieur du 8 août 1867.)

943. Le Préfet approuve, même au-dessus du maximum fixé par le Conseil général en vertu de la loi du 18 juillet 1866, article 4, les impositions extraordinaires destinées au payement des dépenses obligatoires. Ces impositions sont approuvées, dans les communes dont le revenu est égal ou supérieur à 100,000 francs, par un décret (Article 16).

*Dons, legs et donations.*

(Ordonnance du 2 avril 1817; loi du 7 août 1851; décret du 25 mars 1852; instructions du Ministère de l'intérieur des 11 août 1839, 5 mai et 25 novembre 1852, et 25 janvier 1856; loi du 24 juillet 1867, art. 1 et 6.)

946. Les Conseils municipaux règlent par leurs délibérations, sous les conditions rappelées à l'article 854, l'acceptation ou le refus de dons ou legs faits à la commune *sans charges, conditions ni affectation immobilière,* lorsque ces dons et legs ne donnent pas lieu à réclamation.

Dans les autres cas, les délibérations ne sont exécutoires qu'en vertu d'un arrêté du Préfet, et d'un décret rendu en Conseil d'État s'il y a réclamation de la part des familles.

Le Maire et le président de la commission des hospices ou hôpitaux peuvent toujours, à titre conservatoire, accepter les dons et legs en vertu de la délibération du Conseil municipal ou de la commission administrative; l'arrêté ou le décret qui intervient ensuite a effet du jour de cette acceptation.

L'acceptation doit avoir lieu sans retard par acte notarié, et pour les donations, si c'est possible, dans l'acte même qui les constitue; sinon, l'acte d'acceptation doit être notifié au donateur, conformément à l'article 932 du Code Napoléon.

967. Les villes et communes peuvent, en cas de nécessité, contracter des emprunts.

*Emprunts.*

(Lois des 10 décembre 1790, 10 août 1791, 15 mai 1818; décret du 31 mai 1862, art. 500; décret du 29 décembre 1855; circulaire du Ministre de l'intérieur du 12 janvier 1856; circulaire de la comptabilité générale des finances du 29 juin suivant; circulaire du Ministère de l'intérieur du 26 janvier 1859; loi du 5 juin 1850, art. 27, 28 et 31; loi du 24 juillet 1867, art. 3, 5 et 7.)

968. Les Conseils municipaux votent, conformément à l'article 42 de la loi du 18 juillet 1837, et règlent, par leurs délibérations, les emprunts communaux remboursables sur les contributions extraordinaires et n'excédant pas 5 centimes pendant cinq années qu'ils sont autorisés à voter, en vertu de l'article 3 de la loi du 24 juillet 1867 (article 16), ou sur les ressources ordinaires quand l'amortissement, en ce dernier cas, ne dépasse pas douze années.

En cas de désaccord entre le Maire et le Conseil municipal, la délibération n'est exécutoire qu'après approbation du Préfet.

Dans le cas où il n'y a pas dissentiment entre le Maire et le Conseil municipal, elle est exécutoire selon les conditions rappelées à l'article 854.

Les Conseils municipaux votent, sauf approbation du Préfet : 1° les emprunts remboursables sur les contributions extraordinaires qu'ils peuvent voter, sous la même approbation, aux termes de l'article 5 de la loi précitée, c'est-à-dire celles qui dépassent 5 centimes sans excéder le maximum fixé par le Conseil général, et dont la durée n'est pas supérieure à douze années; 2° les emprunts remboursables sur les revenus *ordinaires* dans un délai excédant douze années.

Tout emprunt remboursable sur ressources extraordinaires dans un délai excédant douze années est autorisé par décret. Le décret est rendu en Conseil d'État s'il s'agit d'une commune ayant un revenu supérieur à 100,000 francs. Il est statué par une loi si la somme à emprunter dépasse un million, ou si ladite somme, réunie au chiffre d'emprunts non encore remboursés, dépasse un million.

(Loi du 24 juillet 1867, art. 17.)

Aucun emprunt ne peut être contracté par les villes de Paris et de Lyon sans qu'elles y soient autorisées par une loi.

(Circulaire du Ministère de l'intérieur du 11 mai 1864; instruction du même ministère du 3 août 1867.)

Le droit de statuer sur les projets d'acquisitions et les traités avec des entrepreneurs à exécuter dans une période excédant six ans rentre dans la compétence des Conseils municipaux, dans les attributions du Préfet ou dans celles du Gouvernement ou du pouvoir législatif, suivant les distinctions qui viennent d'être indiquées relativement au vote et à l'approbation des emprunts communaux.

## DISPOSITIONS PARTICULIÈRES POUR QUELQUES NATURES DE DÉPENSES.

### *Acquisitions et échanges d'immeubles.*

(Loi du 18 juillet 1837, art. 45 et 46; décret du 25 mars 1852, §§ 41 et 49 du tableau A; circulaire du Ministère de l'intérieur du 5 mai suivant.)

1018. Les Conseils municipaux règlent par leurs délibérations, sous les conditions rappelées à l'article 854, les acquisitions d'immeubles, lorsque la dépense, totalisée avec celles des autres acquisitions déjà votées dans le même exercice, ne dépasse pas le dixième des revenus ordinaires de la commune.

Dans les autres cas, les délibérations sont exécutoires après qu'elles ont été revêtues de l'approbation du Préfet.

(Circulaires du Ministère de l'intérieur des 18 août 1837 et 30 mars 1853; circulaire de la comptabilité générale des finances du 12 juillet suivant; circulaire aux payeurs du 25 mai 1852; décret du 25 mars 1852, tableau A, § *u*; loi du 24 juillet 1867, art. 1er et 6.)

Lorsqu'il s'agit d'expropriations pour cause d'utilité publique, il est procédé d'après les règles établies par la loi du 3 mai 1841;

toutefois, en ce qui concerne les chemins vicinaux, les dispositions spéciales de la loi du 21 mai 1836, articles 15 et 16, n'ont pas été modifiées par la loi de 1841.

Dans les deux cas, les comptables doivent notamment s'assurer que la transcription des actes translatifs de propriété (article 16 de cette dernière loi) a été précédée des formalités de publication prescrites par le paragraphe 1er de l'article 15 et indiquées dans la nomenclature qui fait suite à l'article 1542. Si la transcription n'avait pas eu lieu en temps utile, ils devraient ne pas hésiter à exiger une transcription nouvelle et un nouveau certificat du conservateur, de manière que la date de la transcription fût toujours le point de départ du délai de quinzaine fixé par l'article 17 de la loi pour l'inscription des priviléges et hypothèques. La loi du 23 mars 1855 sur la transcription n'a pas eu pour effet de modifier les articles 15, 16 et 17 de celle du 3 mai 1841 (*Instruction de l'administration de l'enregistrement du 15 novembre* 1856, *n°* 2086).

S'il s'agit de biens dotaux ou d'incapables, les contrats d'acquisition doivent rappeler l'autorisation donnée par le tribunal pour accepter les offres de l'administration, et indiquant les mesures de conservation ou de remploi qu'il a jugées nécessaires. Si l'aliénation est permise par le contrat de mariage, l'autorisation judiciaire n'est pas exigée; mais alors il est d'usage que le contrat de vente rappelle les conditions fixées pour le remploi du prix. A défaut de ce renseignement, le receveur doit se faire représenter, soit le contrat de mariage, afin d'y puiser les éclaircissements nécessaires sur l'étendue des droits du mari, soit un certificat de l'autorité qui a passé le contrat de vente, attestant, sur la déclaration des époux, que ces derniers sont mariés sans contrat de mariage.

Dans le cas où l'aliénation d'un bien total ne pourrait être faite, d'après le contrat de mariage, qu'à charge de remploi en immeubles ou en valeurs déterminées, le receveur municipal ne pourra effectuer le payement que lorsqu'il aura été justifié d'un remploi conforme aux termes du contrat.

Les comptables pourront, en ce qui concerne les acquisitions et les échanges d'immeubles, consulter utilement les paragraphes 55 et 58 de la nomenclature qui fait suite à l'article 1542 et déjà mentionnée.

*Constructions, réparations, travaux et fournitures. — Dépôts de garantie, cautionnements. — Présence du receveur municipal aux adjudications.*

(Décret du 10 brumaire an XIV; loi du 18 juillet 1837, art. 16; ordonnance royale du 14 novembre 1837; instruction du Ministre de l'intérieur du 9 juin 1838; circulaire de la comptabilité générale des finances du 17 septembre 1838; décret du 25 mars 1852, § 48 du tableau A; circulaire du Ministère de l'intérieur du 5 mai suivant; loi du 24 juillet 1867, art. 1er et 6.)

1020. Les constructions et autres travaux ne peuvent avoir lieu qu'après que les projets ou devis ont été soumis au Préfet et approuvés par lui.

Toutefois, les Conseils municipaux règlent par leurs délibérations, sous les conditions rappelées à l'article 854, les projets, plans et devis de grosses réparations et d'entretien, lorsque la dépense totale afférente à ces projets et aux autres projets de même nature, adoptés dans le même exercice, ne dépasse pas le cinquième des revenus ordinaires de la commune, ni, en aucun cas, une somme de 50,000 francs.

1021. Toutes les entreprises pour travaux et fournitures au nom des communes sont faites avec concurrence et publicité, sauf les exceptions ci-après.

1022. Les administrations locales peuvent faire exécuter sur les crédits ouverts à leur budget, et sans être obligées de demander l'approbation du Préfet ni de recourir à la voie de l'adjudication, les travaux de réparation ordinaire et de simple entretien dont la dépense n'excède pas 300 francs; il peut être traité de gré à gré, sauf approbation par le Préfet, pour les travaux et fournitures dont la valeur n'excède pas 3,000 francs; il peut également, et sous la même condition, être traité de gré à gré, à quelque somme que s'élèvent les travaux et fournitures : 1° pour les objets dont la fabrication est exclusivement attribuée à des porteurs de brevets d'invention ou d'importation; 2° pour les objets qui n'ont qu'un possesseur unique; 3° pour les ouvrages et les objets d'art et de précision dont l'exécution ne peut être confiée qu'à des artistes éprouvés; 4° pour les exploitations, fabrications et fournitures qui ne seraient faites qu'à titre d'essai; 5° pour les matières et denrées qui, à raison de leur nature particulière et de la spécialité de l'emploi auquel elles sont destinées, doivent être achetées et choisies sur les lieux de production, ou livrées, sans intermédiaire, par les producteurs eux-mêmes; 6° pour les fournitures ou travaux qui n'auraient été l'objet d'aucune offre aux adjudications, ou à l'égard desquels il n'aurait été proposé que des prix inacceptables, sans toutefois que l'administration puisse jamais dépasser le maximum arrêté conformément à l'article 1025 ci-après; 7° pour les fournitures et travaux qui, dans les cas imprévus et d'une urgence absolue et dûment constatée, ne pourraient pas subir les délais de l'adjudication sans qu'il en résultât un préjudice réel pour la commune.

(Loi du 24 juillet 1867, art. 16.)

Toutefois, les marchés de gré à gré passés par les villes ayant 3 millions au moins de revenus pour l'exécution, par entreprises, des travaux d'ouverture des nouvelles voies publiques et de tous autres travaux communaux déclarés d'utilité publique; les traités portant concession, à titre exclusif ou pour une durée de plus de trente années, des grands services municipaux desdites villes, ainsi que les tarifs et traités relatifs aux pompes funèbres, sont approuvés par décrets rendus en Conseil d'État.

Les adjudications publiques relatives à des fournitures, à des travaux, à des exploitations ou à des fabrications qui ne pourraient être, sans inconvénient, livrés à la concurrence illimitée, peuvent être soumises à des restrictions qui n'admettent à concourrir que des personnes préalablement reconnues capables par l'administration, et produisant les titres justificatifs exigés par les cahiers des charges.

1048. Le budget des recettes et des dépenses à effectuer pour chaque exercice est délibéré par les commissions administratives dans leur session annuelle du mois d'avril, afin que les budgets des établissements auxquels les communes fournissent des subventions sur leurs octrois, ou sur toute autre branche de leurs revenus, puissent être soumis aux Conseils municipaux dont la session a lieu du 1er au 15 mai, et que ces Conseils puissent délibérer sur les subventions à accorder par les communes. Le Conseil municipal est toujours appelé à donner son avis sur les budgets des établissements de charité et de bienfaisance, même lorsque la commune ne leur fournit aucune subvention.

(Loi du 24 juillet 1867, art. 15.)

Les budgets des hospices et des bureaux de bienfaisance sont *définitivement* réglés par le Préfet, excepté ceux des établissements qui ont 3 millions au moins de revenus et qui sont soumis à l'approbation du chef de l'État sur la proposition du Ministre de l'intérieur.

*Revenus extraordinaires.*

(Loi du 7 août 1851, art. 10; décret du 25 mars 1852; instruction du Ministre de l'intérieur du 5 mai suivant.)

1081. On a vu, par la nomenclature des revenus extraordinaires des établissements de bienfaisance, qu'ils se composent de produits analogues aux revenus extraordinaires des communes.

Les règles d'après lesquelles les droits des communes sont constatés et réalisés sont entièrement applicables aux établissements de bienfaisance, et l'on ne peut que renvoyer, sous ce rapport, aux dispositions du chapitre précédent; seulement, les délibérations des commissions administratives concernant les *échanges* et les *aliénations* de propriétés, les *actions judiciaires*, les *transactions*, les *emprunts*, les acceptations de *dons* et *legs*, sont soumises au Conseil municipal, et elles suivent, en général, quant aux autorisations, les mêmes règles que celles de ce Conseil. Toutefois, l'aliénation des biens immeubles des hospices et des hôpitaux ne peut avoir lieu que sur l'avis conforme du Conseil municipal.

(Loi du 24 juillet 1867, art. 12; instruction du Ministère de l'intérieur du 3 août 1867.)

En ce qui concerne les emprunts, c'est aux Préfets qu'il appartient d'autoriser ceux des hospices, hôpitaux et autres établissements charitables qui n'ont pas plus de 100,000 francs de revenus ordinaires (art. 814), lorsque le terme de remboursement n'excédera pas douze ans, que la somme à emprunter ne dépassera pas le chiffre des revenus ordinaires, et que l'avis du Conseil municipal sera favorable.

Si l'une de ces trois conditions fait défaut, l'emprunt ne pourra être autorisé que par un décret, rendu en Conseil d'État si l'avis du Conseil municipal est contraire, ou s'il s'agit d'un établissement ayant plus de 100,000 francs de revenus.

L'emprunt ne pourra être autorisé que par une loi lorsque la somme à emprunter dépassera 500,000 francs, ou lorsque, réunie au chiffre d'autres emprunts non encore remboursés, elle excédera 500,000 francs.

# ANNEXE N° 2.

## TABLEAU

DES

## FORMALITÉS AUXQUELLES EST SOUMIS LE VOTE

## DES DIVERSES IMPOSITIONS COMMUNALES.

(CIRCULAIRE DU MINISTRE DE L'INTÉRIEUR DU 27 AOUT 1867.)

Bulletin officiel, 1867. Pages 399-403.

## IMPOSITIONS DES COMMUNES.

| | NOMENCLATURE des CENTIMES. | LOIS QUI LES AUTORISENT. | LE CONCOURS DES PLUS IMPOSÉS est-il nécessaire ? | SONT-ILS COMPRIS DANS LE MAXIMUM FIXÉ par les Conseils généraux en vertu de la loi du 18 juillet 1866, article [illegible] ? | PAR QUI SONT-ILS APPROUVÉS? |
|---|---|---|---|---|---|
| Centimes sans affectation spéciale destinés aux dépenses annuelles | Centimes ordinaires.<br>(5 cent. additionnels au principal de la contrib. foncière et de la contrib. personnelle-mobilière.) | L. 11 frim. an VII et loi de finances du 15 mai 1818 (art. 31) | Non. | Non. | Ces centimes sont votés directement par le Conseil municipal, dans la limite du maximum fixé par la loi. |
| | Centimes pour dépenses annuelles obligatoires.<br>(Insuffisance de revenus.) | L. 18 juillet 1837 (art. 40) | Oui. (L. 18 juillet 1837, art. 42.) | Non. (Circ. des 5 mai 1852 et 3 août 1867.) | Par le Préfet, pour les comm. ayant moins de 100,000 fr. de revenus.<br>Par décret, pour les comm. ayant plus de 100,000 fr. de revenus (L. 18 juillet 1837, art. 40). |
| | Centimes pour dépenses annuelles facultatives.<br>(Insuffisance de revenus.) | *Idem.* | *Idem.* | *Idem.* | Par décret, pour les comm. ayant moins de 100,000 fr. de revenus.<br>Par décret en Conseil d'État, pour les comm. ayant plus de 100,000 fr. de revenus (L. 24 juillet 1867, art. 7). |
| Centimes spéciaux | Centimes spéciaux pour chemins vicinaux.<br>(5 cent. additionnels au principal des quatre contrib. directes.) | L. 21 mai 1836 (art. 2) | Non. (L. 21 mai 1836, art. 2.) | Non. (Circ. des 5 mai 1852 et 3 août 1867.) | Ces centimes sont votés directement par le Conseil municipal, dans la limite du maximum fixé par la loi. |
| | Centimes extraordinaires pour les chemins vicinaux ordinaires.<br>(3 cent. additionnels aux quatre contributions directes.) | L. 24 juillet 1867 (art. 3) | Oui. (L. 24 juillet 1867, art. 6.) | Non. (Circ. du 3 août 1867.) | *Idem.* |
| | Centimes spéciaux pour l'instruction primaire.<br>(3 cent. additionnels aux quatre contributions directes.) | L. 15 mars 1850 (art. 40) | Non. (L. 15 mars 1850, art. 40.) | Non. (Circ. des 5 mai 1852 et 3 août 1867.) | *Idem.* |
| | Centimes extraordin. pour la gratuité de l'instruction primaire.<br>(4 centimes.) | L. 10 avril 1867 (art. 8) | Oui. (L. 18 juillet 1837, art. 42 et circ. 3 août 1867.) | Non. (Circ. du 3 août 1867.) | *Idem.* |
| | Centimes spéciaux pour traitement des gardes champêtres.<br>(Cent. additionnels au principal des quatre contrib. directes.) | L. de finances du 31 juillet 1867 (art. 16) | Oui. (L. 31 juillet 1867, art. 16.) | Non. (Circ. des 5 mai 1852 et 3 août 1867.) | *Idem.* |
| Centimes sans affectation spéciale destinés à pourvoir aux dépenses non annuelles | Centimes extraordinaires pour dépenses obligatoires non annuelles. | L. 18 juillet 1837 (art. 40).<br>L. 18 juillet 1866 (art. 4).<br>L. 24 juillet 1867 (art. 3, 5 et 7). | Oui. (L. 18 juillet 1837, art. 42 et L. 24 juillet 1867, art. 6.) | Oui. (Circ. du 3 août 1867.) | Par le Conseil municipal, jusqu'à concurrence de 5 cent. pendant cinq ans (L. 24 juillet 1867, art. 3).<br>Par le Préfet, si l'imposition, votée pour douze ans au plus, ne dépasse pas le maximum fixé par le Conseil général (L. 24 juillet 1867, art. 5).<br>Au-dessus du maximum et pour une durée supérieure à douze ans :<br>Par le Préfet, pour les comm. ayant moins de 100,000 fr. de revenus.<br>Par décret, pour les comm. ayant plus de 100,000 fr. de revenus (L. 18 juillet 1837, art. 40). |
| | Centimes extraordinaires pour dépenses facultatives non annuelles. | *Idem.* | Oui. (Même texte.) | Oui. (Circ. du 3 août 1867.) | Par le Conseil municipal, jusqu'à concurrence de 5 cent. pendant cinq ans (L. 24 juillet 1867, art. 3).<br>Par le Préfet, si l'imposition, votée pour douze ans au plus, ne dépasse pas le maximum fixé par le Conseil général (L. 24 juillet 1867, art. 5).<br>Au-dessus du maximum et pour une durée supérieure à douze ans :<br>Par décret, pour les comm. ayant moins de 100,000 fr. de revenus (L. 18 juillet 1837).<br>Par décret en Conseil d'État, pour les comm. ayant un revenu supérieur à 100,000 fr. (L. 24 juillet 1867, art. 7). |
| Impositions d'office | Centimes imposés d'office pour dépenses obligatoires en cas de refus des Conseils municipaux. | L. 18 juillet 1837 (art. 39) | Oui. (L. 18 juillet 1837, art. 42.) | Oui. (Circ. du 5 mai 1852.) | Par décret, dans la limite du maximum fixé par la loi de finances.<br>Par une loi, au-dessus de ce maximum (L. 18 juillet 1837, art. 39). |

# ANNEXE N° 3.

## DES TRAITEMENTS.

* Les traitements et les émoluments assimilés aux traitements se liquident par mois et sont payables à terme échu. Les jours se comptent du commencement du mois ; le trente et unième jour est négligé et il est ajouté un ou deux jours au mois de février.

** Le douzième du traitement annuel se divise, en conséquence, par trentième, chaque trentième est indivisible (Art. 63 du règlement des finances).

La liquidation porte sur le douzième intégral de l'allocation annuelle. Les centimes compris dans ce douzième entrent dans le décompte ; mais toute fraction de centime se néglige sans rappel ultérieur des fractions négligées.

Il est donc essentiel d'établir de l'uniformité entre les décomptes des traitements et d'assurer la régularité des états qui sont soumis au contrôle de la Cour des comptes. La décomposition du traitement brut en deux parts, dont l'une représente la retenue exercée pour le service des pensions civiles et dont l'autre forme la somme nette à payer, doit être régulièrement opérée.

Les mandats pour traitements passibles de la retenue pour le service des pensions civiles sont toujours délivrés pour le *montant brut* de la somme due. Mais ils doivent présenter le décompte des retenues dont les traitements sont passibles, et la retenue du premier douzième doit être dégagée sur le mandat comme sur l'état nominatif de celle de 5 p. 100 qui l'affecte.

Plusieurs employés et fonctionnaires rétribués sur les fonds communaux supportent la retenue pour le service des pensions civiles.

Aux termes des articles 3 et 18 de la loi du 9 juin 1853 et 25 du décret du 9 novembre suivant, les fonctionnaires et employés ayant droit à pension supportent indistinctement, sans pouvoir les répéter dans aucun cas, les retenues ci-après :

1° Une retenue de 5 p. 100 sur les sommes payées à titre de traitement fixe ou éventuel, de préciput, de supplément de traitement, de remises proportionnelles, de salaires, ou constituant, à tout autre titre, un émolument personnel ;

2° Une retenue du douzième des mêmes rétributions lors de la première nomination, ou dans le cas de réintégration après démission ou révocation, et du douzième de toute augmentation;

3° Les retenues pour cause de congés ou d'absences ou par mesure disciplinaire.

** Un employé qui reprend son service, sans avoir été ni *destitué,* ni *révoqué,* ou *sans avoir donné précédemment sa démission,* ne doit supporter que la retenue du premier douzième de l'*augmentation* du traitement qui lui est alloué (C. C. P. du 11 juin 1873).

La retenue de 5 p. 100 doit porter sur le brut des émoluments. Les retenues à opérer pour premier douzième de traitement ou d'augmentation et pour cause de congé ou de mesure disciplinaire, ne peuvent être calculées qu'après déduction de la retenue de 5 p. 100 qui doit être complétement dégagée, sur le mandat ou sur l'état nominatif de traitements, des retenues éventuelles.

Les mandats individuels qui ont pour objet le payement de dépenses de traitement peuvent être remplacés par un mandat collectif lorsque le nombre des parties prenantes est considérable. Les états nominatifs de liquidation doivent, en ce cas, porter l'émargement des parties prenantes, énonçant leurs noms, leur grade ou leur emploi, le montant de leurs traitements, gages ou salaires par année et par mois. L'émargement peut toujours être suppléé par des quittances individuelles séparées.

* Lesdits états arrêtés par le Maire doivent, en outre, indiquer, en cas de *nomination nouvelle ou promotion,* la date de la décision, l'époque de l'entrée en jouissance, et le receveur doit produire une expédition de l'acte de nomination de l'employé; cette pièce est exempte du timbre. *En cas d'absence pour congé,* la date de la décision qui a accordé le congé avec ou sans dispense de retenue, la nature et la durée du congé, l'époque de la cessation et de la reprise des fonctions.

* Les mandats collectifs sont quittancés par la personne autorisée à recevoir, et les mandats individuels par les ayants droit.

** En cas de décès du titulaire d'une créance, le mandat est délivré au nom des *héritiers*, et la somme due est payée sur la production soit d'un certificat de propriété *timbré* et *enregistré* (art. 702), soit des pièces d'hérédité. Pour les sommes de 50 francs et au-dessous il suffit d'un certificat *timbré* du Maire (C. C. P. du 31 mars 1868, § 4).

** Aux termes de la circulaire de la comptabilité publique du 14 avril 1872 les états de traitements et les états de journées d'ouvriers employés aux travaux communaux qui étaient établis sur timbre de dimension ne sont plus assujettis à cette formalité. Quand plusieurs quittances sont données sur un même état d'émargement, il est dû 10 centimes par chaque partie prenante pour chaque somme supérieure à 10 francs (L. du 23 août 1871. Jurisprudence de la Cour des comptes, arrêt du 19 novembre 1872, hospices de Sens).

* Afin de rendre plus prompts et plus surs les calculs des sommes dues à divers titres aux agents communaux soumis à la retenue pour le service des pensions civiles, le tableau ci-joint présente tous les décomptes par jour des traitements ou indemnités qui peuvent leur être alloués.

En regard de chaque jour se trouve indiqué, savoir :

1° Le calcul (col. 2) de l'émolument brut;

2° Le calcul (col. 3) de la retenue à verser au compte des pensions civiles;

3° Le calcul (col. 4) de la somme nette à payer.

# TABLEAUX

PRÉSENTANT

LE DÉCOMPTE DEPUIS UN JOUR JUSQU'A TRENTE

DES

SOMMES ALLOUÉES A DIVERS TITRES

AUX EMPLOYÉS

ET AGENTS COMMUNAUX.

| NOMBRE de jours. | 100 F. | | | 200 F. | | | 300 F. | | |
|---|---|---|---|---|---|---|---|---|---|
| | BRUT. | 5 p. 0/0. | NET. | BRUT. | 5 p. 0/0. | NET. | BRUT. | 5 p. 0/0. | NET. |
| | fr. c. | fr. c. | fr. c. | fr. c. | fr. c. | fr. c. | fr. c. | fr. c. | fr. c. |
| 1 | 0 28 | 0 01 | 0 27 | 0 55 | 0 03 | 0 52 | 0 83 | 0 04 | 0 79 |
| 2 | 0 55 | 0 03 | 0 52 | 1 11 | 0 06 | 1 05 | 1 66 | 0 08 | 1 58 |
| 3 | 0 83 | 0 04 | 0 79 | 1 66 | 0 08 | 1 58 | 2 50 | 0 12 | 2 38 |
| 4 | 1 11 | 0 06 | 1 05 | 2 22 | 0 11 | 2 11 | 3 33 | 0 17 | 3 16 |
| 5 | 1 38 | 0 07 | 1 31 | 2 77 | 0 14 | 2 63 | 4 16 | 0 21 | 3 95 |
| 6 | 1 66 | 0 08 | 1 58 | 3 33 | 0 17 | 3 16 | 5 00 | 0 25 | 4 75 |
| 7 | 1 94 | 0 10 | 1 84 | 3 88 | 0 19 | 3 69 | 5 83 | 0 29 | 5 54 |
| 8 | 2 22 | 0 11 | 2 11 | 4 44 | 0 22 | 4 22 | 6 66 | 0 33 | 6 33 |
| 9 | 2 49 | 0 12 | 2 37 | 5 00 | 0 25 | 4 75 | 7 50 | 0 37 | 7 13 |
| 10 | 2 77 | 0 14 | 2 63 | 5 55 | 0 28 | 5 27 | 8 33 | 0 42 | 7 91 |
| 11 | 3 05 | 0 15 | 2 90 | 6 10 | 0 30 | 5 80 | 9 16 | 0 46 | 8 70 |
| 12 | 3 33 | 0 17 | 3 16 | 6 66 | 0 33 | 6 33 | 10 00 | 0 50 | 9 50 |
| 13 | 3 61 | 0 18 | 3 43 | 7 21 | 0 36 | 6 85 | 10 83 | 0 54 | 10 29 |
| 14 | 3 88 | 0 19 | 3 69 | 7 77 | 0 39 | 7 38 | 11 66 | 0 58 | 11 08 |
| 15 | 4 16 | 0 21 | 3 95 | 8 33 | 0 42 | 7 91 | 12 50 | 0 62 | 11 88 |
| 16 | 4 44 | 0 22 | 4 22 | 8 88 | 0 44 | 8 44 | 13 33 | 0 67 | 12 66 |
| 17 | 4 72 | 0 24 | 4 48 | 9 44 | 0 47 | 8 97 | 14 16 | 0 71 | 13 45 |
| 18 | 4 99 | 0 25 | 4 74 | 10 00 | 0 50 | 9 50 | 15 00 | 0 75 | 14 25 |
| 19 | 5 27 | 0 26 | 5 01 | 10 55 | 0 53 | 10 02 | 15 83 | 0 79 | 15 04 |
| 20 | 5 55 | 0 28 | 5 27 | 11 11 | 0 56 | 10 55 | 16 66 | 0 83 | 15 83 |
| 21 | 5 83 | 0 29 | 5 54 | 11 66 | 0 58 | 11 08 | 17 50 | 0 87 | 16 63 |
| 22 | 6 11 | 0 30 | 5 81 | 12 21 | 0 60 | 11 61 | 18 33 | 0 92 | 17 41 |
| 23 | 6 38 | 0 32 | 6 06 | 12 77 | 0 63 | 12 14 | 19 16 | 0 96 | 18 20 |
| 24 | 6 66 | 0 33 | 6 33 | 13 33 | 0 67 | 12 65 | 20 00 | 1 00 | 19 00 |
| 25 | 6 94 | 0 35 | 6 59 | 13 88 | 0 69 | 13 19 | 20 83 | 1 04 | 19 79 |
| 26 | 7 22 | 0 36 | 6 86 | 14 44 | 0 72 | 13 72 | 21 66 | 1 08 | 20 58 |
| 27 | 7 50 | 0 37 | 7 13 | 15 00 | 0 75 | 14 25 | 22 50 | 1 13 | 21 37 |
| 28 | 7 77 | 0 39 | 7 38 | 15 54 | 0 78 | 14 76 | 23 33 | 1 17 | 22 16 |
| 29 | 8 05 | 0 40 | 7 65 | 16 10 | 0 81 | 15 29 | 24 16 | 1 21 | 22 95 |
| 30 | 8 33 | 0 42 | 7 91 | 16 66 | 0 83 | 15 83 | 25 00 | 1 25 | 23 73 |

| NOMBRE de jours. | 500 F. | | | 800 F. | | | 900 F. | | |
|---|---|---|---|---|---|---|---|---|---|
| | BRUT. | 5 P. 0/0. | NET. | BRUT. | 5 P. 0/0. | NET. | BRUT. | 5 P. 0/0. | NET. |
| | fr. c. | fr. c. | fr. c. | fr. c. | fr. c. | fr. c. | fr. c. | fr. c. | fr. c. |
| 1 | 1 38 | 0 06 | 1 32 | 2 22 | 0 11 | 2 11 | 2 50 | 0 13 | 2 37 |
| 2 | 2 77 | 0 14 | 2 63 | 4 44 | 0 22 | 4 22 | 5 00 | 0 25 | 4 75 |
| 3 | 4 16 | 0 20 | 3 96 | 6 66 | 0 33 | 6 33 | 7 50 | 0 38 | 7 12 |
| 4 | 5 55 | 0 28 | 5 27 | 8 88 | 0 44 | 8 44 | 10 00 | 0 50 | 9 50 |
| 5 | 6 94 | 0 34 | 6 60 | 11 11 | 0 56 | 10 55 | 12 50 | 0 63 | 11 87 |
| 6 | 8 33 | 0 42 | 7 91 | 13 33 | 0 67 | 12 66 | 15 00 | 0 75 | 14 25 |
| 7 | 9 72 | 0 48 | 9 24 | 15 55 | 0 78 | 14 77 | 17 50 | 0 88 | 16 62 |
| 8 | 11 11 | 0 56 | 10 55 | 17 77 | 0 89 | 16 88 | 20 00 | 1 00 | 19 00 |
| 9 | 12 50 | 0 62 | 11 88 | 20 00 | 1 00 | 19 00 | 22 50 | 1 13 | 21 37 |
| 10 | 13 88 | 0 69 | 13 19 | 22 22 | 1 11 | 21 11 | 25 00 | 1 25 | 23 75 |
| 11 | 15 27 | 0 76 | 14 51 | 24 44 | 1 22 | 23 22 | 27 50 | 1 38 | 26 12 |
| 12 | 16 66 | 0 83 | 15 83 | 26 66 | 1 33 | 25 33 | 30 00 | 1 50 | 28 50 |
| 13 | 18 05 | 0 90 | 17 15 | 28 88 | 1 44 | 27 44 | 32 50 | 1 63 | 30 87 |
| 14 | 19 44 | 0 97 | 18 47 | 31 11 | 1 56 | 29 55 | 35 00 | 1 75 | 33 25 |
| 15 | 20 83 | 1 04 | 19 79 | 33 33 | 1 67 | 31 66 | 37 50 | 1 88 | 35 62 |
| 16 | 22 22 | 1 11 | 21 11 | 35 55 | 1 78 | 33 77 | 40 00 | 2 00 | 38 00 |
| 17 | 23 60 | 1 18 | 22 42 | 37 77 | 1 89 | 35 80 | 42 50 | 2 13 | 40 37 |
| 18 | 25 00 | 1 25 | 23 75 | 40 00 | 2 00 | 38 00 | 45 00 | 2 25 | 42 75 |
| 19 | 26 38 | 1 31 | 25 07 | 42 22 | 2 11 | 40 11 | 47 50 | 2 38 | 45 12 |
| 20 | 27 77 | 1 39 | 26 38 | 44 44 | 2 22 | 42 22 | 50 00 | 2 50 | 47 50 |
| 21 | 29 16 | 1 45 | 27 71 | 46 66 | 2 33 | 44 33 | 52 50 | 2 63 | 49 87 |
| 22 | 30 55 | 1 53 | 29 02 | 48 88 | 2 44 | 46 44 | 55 00 | 2 75 | 52 25 |
| 23 | 31 93 | 1 60 | 30 33 | 51 11 | 2 56 | 48 55 | 57 50 | 2 88 | 54 62 |
| 24 | 33 33 | 1 67 | 31 66 | 53 33 | 2 67 | 50 66 | 60 00 | 3 00 | 57 00 |
| 25 | 34 71 | 1 73 | 32 98 | 55 55 | 2 78 | 52 77 | 62 50 | 3 13 | 59 37 |
| 26 | 36 11 | 1 81 | 34 30 | 57 77 | 2 89 | 54 88 | 65 00 | 3 25 | 61 75 |
| 27 | 37 50 | 1 88 | 35 62 | 60 00 | 3 00 | 57 00 | 67 50 | 3 38 | 64 12 |
| 28 | 38 88 | 1 94 | 36 94 | 62 22 | 3 11 | 59 11 | 70 00 | 3 50 | 66 50 |
| 29 | 40 27 | 2 01 | 38 26 | 64 44 | 3 22 | 61 22 | 72 50 | 3 63 | 68 87 |
| 30 | 41 66 | 2 08 | 39 58 | 66 66 | 3 33 | 63 33 | 75 00 | 3 75 | 71 25 |

| NOMBRE de jours. | 1,000 F. | | | 1,100 F. | | | 1,200 F. | | |
|---|---|---|---|---|---|---|---|---|---|
| | BRUT. | 5 P. 0/0. | NET. | BRUT. | 5 P. 0/0. | NET. | BRUT. | 5 P. 0/0. | NET. |
| | fr. c. | fr. c. | fr. c. | fr. c. | fr. c. | fr. c. | fr. c. | fr. c. | fr. c. |
| 1 | 2 77 | 0 14 | 2 63 | 3 05 | 0 15 | 2 90 | 3 33 | 0 16 | 3 17 |
| 2 | 5 55 | 0 28 | 5 27 | 6 11 | 0 31 | 5 80 | 6 66 | 0 33 | 6 33 |
| 3 | 8 33 | 0 42 | 7 91 | 9 16 | 0 46 | 8 70 | 10 00 | 0 50 | 9 50 |
| 4 | 11 11 | 0 56 | 10 55 | 12 22 | 0 61 | 11 61 | 13 33 | 0 67 | 12 66 |
| 5 | 13 88 | 0 69 | 13 19 | 15 27 | 0 76 | 14 51 | 16 66 | 0 83 | 15 83 |
| 6 | 16 66 | 0 83 | 15 83 | 18 33 | 0 92 | 17 41 | 20 00 | 1 00 | 19 00 |
| 7 | 19 44 | 0 97 | 18 47 | 21 39 | 1 07 | 20 32 | 23 33 | 1 17 | 22 16 |
| 8 | 22 22 | 1 11 | 21 11 | 24 44 | 1 22 | 23 22 | 26 66 | 1 33 | 25 33 |
| 9 | 25 00 | 1 25 | 23 75 | 27 50 | 1 37 | 26 13 | 30 00 | 1 50 | 28 50 |
| 10 | 27 77 | 1 39 | 26 38 | 30 55 | 1 53 | 29 02 | 33 33 | 1 67 | 31 66 |
| 11 | 30 55 | 1 53 | 29 02 | 33 61 | 1 68 | 31 93 | 36 66 | 1 83 | 34 83 |
| 12 | 33 33 | 1 67 | 31 66 | 36 66 | 1 83 | 34 83 | 40 00 | 2 00 | 38 00 |
| 13 | 36 11 | 1 81 | 34 30 | 39 72 | 1 99 | 37 73 | 43 33 | 2 17 | 41 16 |
| 14 | 38 88 | 1 94 | 36 94 | 42 78 | 2 14 | 40 64 | 46 66 | 2 33 | 44 33 |
| 15 | 41 66 | 2 08 | 39 58 | 45 83 | 2 29 | 43 54 | 50 00 | 2 50 | 47 50 |
| 16 | 44 44 | 2 22 | 42 22 | 48 88 | 2 44 | 46 44 | 53 33 | 2 67 | 50 66 |
| 17 | 47 22 | 2 36 | 44 86 | 51 94 | 2 60 | 49 34 | 56 66 | 2 83 | 53 83 |
| 18 | 50 00 | 2 50 | 47 50 | 55 00 | 2 75 | 52 25 | 60 00 | 3 00 | 57 00 |
| 19 | 52 77 | 2 64 | 50 13 | 58 05 | 2 90 | 55 15 | 63 33 | 3 17 | 60 16 |
| 20 | 55 55 | 2 78 | 52 77 | 61 11 | 3 06 | 58 05 | 66 66 | 3 33 | 63 33 |
| 21 | 58 33 | 2 92 | 55 41 | 64 16 | 3 21 | 60 95 | 70 00 | 3 50 | 66 50 |
| 22 | 61 11 | 3 06 | 58 05 | 67 22 | 3 36 | 63 86 | 73 33 | 3 67 | 69 66 |
| 23 | 63 88 | 3 19 | 60 69 | 70 27 | 3 51 | 66 76 | 76 66 | 3 83 | 72 83 |
| 24 | 66 66 | 3 33 | 63 33 | 73 33 | 3 67 | 69 66 | 80 00 | 4 00 | 76 00 |
| 25 | 69 44 | 3 47 | 65 97 | 76 39 | 3 82 | 72 57 | 83 33 | 4 17 | 79 16 |
| 26 | 72 22 | 3 61 | 68 61 | 79 44 | 3 97 | 75 47 | 86 66 | 4 33 | 82 33 |
| 27 | 75 00 | 3 75 | 71 25 | 82 50 | 4 12 | 78 38 | 90 00 | 4 50 | 85 50 |
| 28 | 77 77 | 3 89 | 73 88 | 85 55 | 4 28 | 81 27 | 93 33 | 4 67 | 88 66 |
| 29 | 80 55 | 4 03 | 76 52 | 88 61 | 4 43 | 84 18 | 96 66 | 4 83 | 91 83 |
| 30 | 83 33 | 4 17 | 79 16 | 91 66 | 4 58 | 87 08 | 100 00 | 5 00 | 95 00 |

| NOMBRE de jours. | 1,400 F. | | | 1,600 F. | | | 1,800 F. | | |
|---|---|---|---|---|---|---|---|---|---|
| | BRUT. | 5 P. 0/0. | NET. | BRUT. | 5 P. 0/0. | NET. | BRUT. | 5 P. 0/0. | NET. |
| | fr. c. | fr. c. | fr. c. | fr. c. | fr. c. | fr. c. | fr. c. | fr. c. | fr. c. |
| 1 | 3 88 | 0 19 | 3 69 | 4 44 | 0 22 | 4 22 | 5 00 | 0 25 | 4 75 |
| 2 | 7 77 | 0 39 | 7 38 | 8 88 | 0 44 | 8 44 | 10 00 | 0 50 | 9 50 |
| 3 | 11 66 | 0 58 | 11 08 | 13 33 | 0 66 | 12 67 | 15 00 | 0 75 | 14 25 |
| 4 | 15 55 | 0 78 | 14 77 | 17 77 | 0 88 | 16 89 | 20 00 | 1 00 | 19 00 |
| 5 | 19 44 | 0 97 | 18 47 | 22 22 | 1 11 | 21 11 | 25 00 | 1 25 | 23 75 |
| 6 | 23 33 | 1 17 | 22 16 | 26 66 | 1 33 | 25 33 | 30 00 | 1 50 | 28 50 |
| 7 | 27 22 | 1 36 | 25 86 | 31 11 | 1 56 | 29 55 | 35 00 | 1 75 | 33 25 |
| 8 | 31 11 | 1 56 | 29 55 | 35 55 | 1 78 | 33 77 | 40 00 | 2 00 | 38 00 |
| 9 | 35 00 | 1 75 | 33 25 | 40 00 | 2 00 | 38 00 | 45 00 | 2 25 | 42 75 |
| 10 | 38 88 | 1 94 | 36 94 | 44 44 | 2 22 | 42 22 | 50 00 | 2 50 | 47 50 |
| 11 | 42 77 | 2 14 | 40 63 | 48 88 | 2 44 | 46 44 | 55 00 | 2 75 | 52 25 |
| 12 | 46 66 | 2 33 | 44 33 | 53 33 | 2 67 | 50 66 | 60 00 | 3 00 | 57 00 |
| 13 | 50 55 | 2 53 | 48 02 | 57 77 | 2 89 | 54 88 | 65 00 | 3 25 | 61 75 |
| 14 | 54 44 | 2 72 | 51 72 | 62 22 | 3 11 | 59 11 | 70 00 | 3 50 | 66 50 |
| 15 | 58 33 | 2 92 | 55 41 | 66 66 | 3 33 | 63 33 | 75 00 | 3 75 | 71 25 |
| 16 | 62 22 | 3 11 | 59 11 | 71 11 | 3 56 | 67 55 | 80 00 | 4 00 | 76 00 |
| 17 | 66 11 | 3 31 | 62 80 | 75 55 | 3 78 | 71 77 | 85 00 | 4 25 | 80 75 |
| 18 | 70 00 | 3 50 | 66 50 | 80 00 | 4 00 | 76 00 | 90 00 | 4 50 | 85 50 |
| 19 | 73 88 | 3 69 | 70 19 | 84 44 | 4 22 | 80 22 | 95 00 | 4 75 | 90 25 |
| 20 | 77 77 | 3 89 | 73 88 | 88 88 | 4 44 | 84 44 | 100 00 | 5 00 | 95 00 |
| 21 | 81 66 | 4 08 | 77 58 | 93 33 | 4 67 | 88 66 | 105 00 | 5 25 | 99 75 |
| 22 | 85 55 | 4 28 | 81 27 | 97 77 | 4 89 | 92 88 | 110 00 | 5 50 | 104 50 |
| 23 | 89 44 | 4 47 | 84 97 | 102 22 | 5 11 | 97 11 | 115 00 | 5 75 | 109 25 |
| 24 | 93 33 | 4 67 | 88 66 | 106 66 | 5 33 | 101 33 | 120 00 | 6 00 | 114 00 |
| 25 | 97 22 | 4 86 | 92 36 | 111 11 | 5 56 | 105 55 | 125 00 | 6 25 | 118 75 |
| 26 | 101 11 | 5 06 | 96 05 | 115 55 | 5 78 | 109 77 | 130 00 | 6 50 | 123 50 |
| 27 | 105 00 | 5 25 | 99 75 | 120 00 | 6 00 | 114 00 | 135 00 | 6 75 | 128 25 |
| 28 | 108 88 | 5 44 | 103 44 | 124 44 | 6 22 | 118 22 | 140 00 | 7 00 | 133 00 |
| 29 | 112 77 | 5 64 | 107 13 | 128 88 | 6 44 | 122 44 | 145 00 | 7 25 | 137 75 |
| 30 | 116 66 | 5 83 | 110 83 | 133 33 | 6 67 | 126 66 | 150 00 | 7 50 | 142 50 |

| Nombre de jours. | 2,000 F. | | | 2,200 F. | | | 2,400 F. | | |
|---|---|---|---|---|---|---|---|---|---|
| | Brut. | 5 p. 0/0. | Net. | Brut. | 5 p. 0/0. | Net. | Brut. | 5 p. 0/0. | Net. |
| | fr. c. | fr. c. | fr. c. | fr. c. | fr. c. | fr. c. | fr. c. | fr. c. | fr. c. |
| 1 | 5 55 | 0 28 | 5 27 | 6 11 | 0 31 | 5 80 | 6 66 | 0 33 | 6 33 |
| 2 | 11 11 | 0 56 | 10 55 | 12 22 | 0 61 | 11 61 | 13 33 | 0 67 | 12 66 |
| 3 | 16 66 | 0 83 | 15 83 | 18 33 | 0 92 | 17 41 | 20 00 | 1 00 | 19 00 |
| 4 | 22 22 | 1 11 | 21 11 | 24 44 | 1 22 | 23 22 | 26 66 | 1 33 | 25 33 |
| 5 | 27 77 | 1 39 | 26 38 | 30 55 | 1 53 | 29 02 | 33 33 | 1 67 | 31 66 |
| 6 | 33 33 | 1 67 | 31 66 | 36 66 | 1 83 | 34 83 | 40 00 | 2 00 | 38 00 |
| 7 | 38 88 | 1 94 | 36 94 | 42 77 | 2 14 | 40 63 | 46 66 | 2 33 | 44 33 |
| 8 | 44 44 | 2 22 | 42 22 | 48 88 | 2 44 | 46 44 | 53 33 | 2 67 | 50 66 |
| 9 | 50 00 | 2 50 | 47 50 | 55 00 | 2 75 | 52 25 | 60 00 | 3 00 | 57 00 |
| 10 | 55 55 | 2 78 | 52 77 | 61 11 | 3 06 | 58 05 | 66 66 | 3 33 | 63 33 |
| 11 | 61 11 | 3 06 | 58 05 | 67 22 | 3 36 | 63 86 | 73 33 | 3 67 | 69 66 |
| 12 | 66 66 | 3 33 | 63 33 | 73 33 | 3 67 | 69 66 | 80 00 | 4 00 | 76 00 |
| 13 | 72 22 | 3 61 | 68 61 | 79 44 | 3 97 | 75 47 | 86 66 | 4 33 | 82 33 |
| 14 | 77 77 | 3 89 | 73 88 | 85 55 | 4 28 | 81 27 | 93 33 | 4 67 | 88 66 |
| 15 | 83 33 | 4 17 | 79 16 | 91 66 | 4 58 | 87 08 | 100 00 | 5 00 | 95 00 |
| 16 | 88 88 | 4 44 | 84 44 | 97 77 | 4 89 | 92 88 | 106 66 | 5 33 | 101 33 |
| 17 | 94 44 | 4 72 | 89 72 | 103 88 | 5 19 | 98 69 | 113 33 | 5 67 | 107 66 |
| 18 | 100 00 | 5 00 | 95 00 | 110 00 | 5 50 | 104 50 | 120 00 | 6 00 | 114 00 |
| 19 | 105 55 | 5 28 | 100 27 | 116 11 | 5 81 | 110 30 | 126 66 | 6 33 | 120 33 |
| 20 | 111 11 | 5 56 | 105 55 | 122 22 | 6 11 | 116 11 | 133 33 | 6 67 | 126 66 |
| 21 | 116 66 | 5 83 | 110 83 | 128 33 | 6 42 | 121 91 | 140 00 | 7 00 | 133 00 |
| 22 | 122 22 | 6 11 | 116 11 | 134 44 | 6 72 | 127 72 | 146 66 | 7 33 | 139 33 |
| 23 | 127 77 | 6 39 | 121 38 | 140 55 | 7 03 | 133 52 | 153 33 | 7 67 | 145 66 |
| 24 | 133 33 | 6 67 | 126 66 | 146 66 | 7 33 | 139 33 | 160 00 | 8 00 | 152 00 |
| 25 | 238 88 | 6 94 | 131 94 | 152 77 | 7 64 | 145 13 | 166 66 | 8 33 | 158 33 |
| 26 | 144 44 | 7 22 | 137 22 | 158 88 | 7 94 | 150 94 | 173 33 | 8 67 | 164 66 |
| 27 | 150 00 | 7 50 | 142 50 | 165 00 | 8 25 | 156 75 | 180 00 | 9 00 | 171 00 |
| 28 | 155 55 | 7 78 | 147 77 | 171 11 | 8 56 | 162 55 | 186 66 | 9 33 | 177 33 |
| 29 | 161 11 | 8 06 | 153 05 | 177 22 | 8 86 | 168 36 | 193 33 | 9 67 | 183 66 |
| 30 | 166 66 | 8 33 | 158 33 | 183 33 | 9 17 | 174 16 | 200 00 | 10 00 | 190 00 |

| NOMBRE de jours. | 2,500 F. | | | 3,000 F. | | | 3,500 F. | | |
|---|---|---|---|---|---|---|---|---|---|
| | BRUT. | 5 P. 0/0. | NET. | BRUT. | 5 P. 0/0. | NET. | BRUT. | 5 P. 0/0. | NET. |
| | fr. c. | fr. c. | fr. c. | fr. c. | fr. c. | fr. c. | fr. c. | fr. c. | fr. c. |
| 1 | 6 94 | 0 35 | 6 59 | 8 33 | 0 42 | 7 91 | 9 72 | 0 49 | 9 23 |
| 2 | 13 88 | 0 69 | 13 19 | 16 66 | 0 83 | 15 83 | 19 44 | 0 97 | 18 47 |
| 3 | 20 83 | 1 04 | 19 79 | 25 00 | 1 25 | 23 75 | 29 17 | 1 46 | 27 71 |
| 4 | 27 77 | 1 39 | 26 38 | 33 33 | 1 67 | 31 66 | 38 88 | 1 94 | 36 94 |
| 5 | 34 72 | 1 74 | 32 98 | 41 66 | 2 08 | 39 58 | 48 61 | 2 43 | 46 18 |
| 6 | 41 66 | 2 08 | 39 58 | 50 00 | 2 50 | 47 50 | 58 33 | 2 92 | 55 41 |
| 7 | 48 61 | 2 43 | 46 18 | 58 33 | 2 92 | 55 41 | 68 05 | 3 40 | 64 65 |
| 8 | 55 55 | 2 78 | 52 77 | 66 66 | 3 33 | 63 33 | 77 77 | 3 89 | 73 88 |
| 9 | 62 50 | 3 12 | 59 38 | 75 00 | 3 75 | 71 25 | 87 50 | 4 37 | 83 13 |
| 10 | 69 44 | 3 47 | 65 97 | 83 33 | 4 17 | 79 16 | 97 22 | 4 86 | 92 36 |
| 11 | 76 38 | 3 82 | 72 56 | 91 66 | 4 58 | 87 08 | 106 94 | 5 35 | 101 59 |
| 12 | 83 33 | 4 17 | 79 16 | 100 00 | 5 00 | 95 00 | 116 66 | 5 83 | 110 83 |
| 13 | 90 27 | 4 51 | 85 76 | 108 33 | 5 42 | 102 91 | 126 39 | 6 32 | 120 07 |
| 14 | 97 22 | 4 86 | 92 36 | 116 66 | 5 83 | 110 83 | 136 11 | 6 81 | 129 30 |
| 15 | 104 16 | 5 21 | 98 95 | 125 00 | 6 25 | 118 75 | 145 83 | 7 29 | 138 54 |
| 16 | 111 11 | 5 56 | 105 55 | 133 33 | 6 67 | 126 66 | 155 55 | 7 78 | 147 77 |
| 17 | 118 05 | 5 90 | 112 15 | 141 66 | 7 08 | 134 58 | 165 27 | 8 26 | 157 01 |
| 18 | 125 00 | 6 25 | 118 75 | 150 00 | 7 50 | 142 50 | 175 00 | 8 75 | 166 25 |
| 19 | 131 94 | 6 60 | 125 34 | 158 33 | 7 92 | 150 41 | 184 72 | 9 24 | 175 48 |
| 20 | 138 88 | 6 94 | 131 94 | 166 66 | 8 33 | 158 33 | 194 44 | 9 72 | 184 72 |
| 21 | 145 83 | 7 29 | 138 54 | 175 00 | 8 75 | 166 25 | 204 17 | 10 21 | 193 96 |
| 22 | 152 77 | 7 64 | 145 13 | 183 33 | 9 17 | 174 16 | 213 88 | 10 69 | 203 19 |
| 23 | 159 72 | 7 99 | 151 73 | 191 66 | 9 58 | 182 08 | 223 61 | 11 18 | 212 43 |
| 24 | 166 66 | 8 33 | 158 33 | 200 00 | 10 00 | 190 00 | 233 33 | 11 67 | 221 66 |
| 25 | 173 61 | 8 68 | 164 93 | 208 33 | 10 42 | 197 91 | 243 05 | 12 15 | 230 90 |
| 26 | 180 55 | 9 03 | 171 52 | 216 66 | 10 83 | 205 83 | 252 77 | 12 64 | 240 13 |
| 27 | 187 50 | 9 37 | 178 13 | 225 00 | 11 25 | 213 75 | 262 50 | 13 12 | 249 38 |
| 28 | 194 44 | 9 72 | 184 72 | 233 33 | 11 67 | 221 66 | 272 22 | 13 61 | 258 61 |
| 29 | 201 38 | 10 07 | 191 31 | 241 66 | 12 08 | 229 58 | 281 94 | 14 10 | 267 84 |
| 30 | 208 33 | 10 42 | 197 91 | 250 00 | 12 50 | 237 50 | 291 66 | 14 58 | 277 08 |

| NOMBRE de jours. | 4,000 F. | | | 5,000 F. | | | 6,000 F. | | |
|---|---|---|---|---|---|---|---|---|---|
| | BRUT. | 5 P. 0/0. | NET. | BRUT. | 5 P. 0/0. | NET. | BRUT. | 5 P. 0/0. | NET. |
| | fr. c. | fr. c. | fr. c. | fr. c. | fr. c. | fr. c. | fr. c. | fr. c. | fr. c. |
| 1 | 11 11 | 0 56 | 10 55 | 13 88 | 0 69 | 13 19 | 16 66 | 0 83 | 15 83 |
| 2 | 22 22 | 1 11 | 21 11 | 27 77 | 1 39 | 26 38 | 33 33 | 1 67 | 31 66 |
| 3 | 33 33 | 1 67 | 31 66 | 41 66 | 2 08 | 39 58 | 50 00 | 2 50 | 47 50 |
| 4 | 44 44 | 2 22 | 42 22 | 55 55 | 2 78 | 52 77 | 66 66 | 3 33 | 63 33 |
| 5 | 55 55 | 2 78 | 52 77 | 69 44 | 3 47 | 65 97 | 83 33 | 4 17 | 79 16 |
| 6 | 66 66 | 3 33 | 63 33 | 83 33 | 4 17 | 79 16 | 100 00 | 5 00 | 95 00 |
| 7 | 77 77 | 3 89 | 73 88 | 97 22 | 4 86 | 92 36 | 116 66 | 5 83 | 110 83 |
| 8 | 88 88 | 4 44 | 84 44 | 111 11 | 5 56 | 105 55 | 133 33 | 6 67 | 126 66 |
| 9 | 100 00 | 5 00 | 95 00 | 125 00 | 6 25 | 118 75 | 150 00 | 7 50 | 142 50 |
| 10 | 111 11 | 5 56 | 105 55 | 138 88 | 6 94 | 131 94 | 166 66 | 8 33 | 158 33 |
| 11 | 122 22 | 6 11 | 116 11 | 152 77 | 7 64 | 145 13 | 183 33 | 9 17 | 174 16 |
| 12 | 133 33 | 6 67 | 126 66 | 166 66 | 8 33 | 158 33 | 200 00 | 10 00 | 190 00 |
| 13 | 144 44 | 7 22 | 137 22 | 180 55 | 9 02 | 171 53 | 216 66 | 10 84 | 205 82 |
| 14 | 155 55 | 7 78 | 147 77 | 194 44 | 9 72 | 184 72 | 233 33 | 11 67 | 221 66 |
| 15 | 166 66 | 8 33 | 158 33 | 208 33 | 10 42 | 197 91 | 250 00 | 12 50 | 237 50 |
| 16 | 177 77 | 8 89 | 168 88 | 222 22 | 11 11 | 211 11 | 266 66 | 13 33 | 253 33 |
| 17 | 188 88 | 9 44 | 179 44 | 236 11 | 11 80 | 224 31 | 283 33 | 14 17 | 269 16 |
| 18 | 200 00 | 10 00 | 190 00 | 250 00 | 12 50 | 237 50 | 300 00 | 15 00 | 285 00 |
| 19 | 211 11 | 10 56 | 200 55 | 263 88 | 13 19 | 250 69 | 316 66 | 15 84 | 300 82 |
| 20 | 222 22 | 11 11 | 211 11 | 277 77 | 13 89 | 263 88 | 333 33 | 16 67 | 316 66 |
| 21 | 233 33 | 11 67 | 221 66 | 291 66 | 14 58 | 277 08 | 350 00 | 17 50 | 332 50 |
| 22 | 244 44 | 12 22 | 232 22 | 305 55 | 15 27 | 290 28 | 366 66 | 18 33 | 348 33 |
| 23 | 255 55 | 12 78 | 242 77 | 319 44 | 15 97 | 303 46 | 383 33 | 19 17 | 364 16 |
| 24 | 266 66 | 13 33 | 253 33 | 333 33 | 16 67 | 316 66 | 400 00 | 20 00 | 380 00 |
| 25 | 277 77 | 13 89 | 263 88 | 347 22 | 17 36 | 329 85 | 416 66 | 20 84 | 395 82 |
| 26 | 288 88 | 14 44 | 274 44 | 361 11 | 18 06 | 343 05 | 433 33 | 21 67 | 411 66 |
| 27 | 300 00 | 15 00 | 285 00 | 375 00 | 18 75 | 356 25 | 450 00 | 22 50 | 427 50 |
| 28 | 311 11 | 15 56 | 295 55 | 388 88 | 19 44 | 369 44 | 466 66 | 23 33 | 443 33 |
| 29 | 322 22 | 16 11 | 306 11 | 402 77 | 20 14 | 382 63 | 483 33 | 24 17 | 459 16 |
| 30 | 333 33 | 16 67 | 316 66 | 416 66 | 20 84 | 395 82 | 500 00 | 25 00 | 475 00 |

| NOMBRE de jours. | 7,000 F. | | | 8,000 F. | | |
|---|---|---|---|---|---|---|
| | BRUT. | 5 P. 0/0. | NET. | BRUT. | 5 P. 0/0. | NET. |
| | fr. c. | fr. c. | fr. c. | fr. c. | fr. c. | fr. c. |
| 1 | 19 44 | 0 97 | 18 47 | 22 22 | 1 11 | 21 11 |
| 2 | 38 88 | 1 94 | 36 94 | 44 44 | 2 22 | 42 22 |
| 3 | 58 33 | 2 92 | 55 41 | 66 66 | 3 33 | 63 33 |
| 4 | 77 77 | 3 89 | 73 88 | 88 88 | 4 44 | 84 44 |
| 5 | 97 22 | 4 86 | 92 36 | 111 11 | 5 56 | 105 55 |
| 6 | 116 66 | 5 83 | 110 83 | 133 33 | 6 67 | 126 66 |
| 7 | 136 11 | 6 81 | 129 30 | 155 55 | 7 78 | 147 77 |
| 8 | 155 55 | 6 78 | 147 77 | 177 77 | 8 89 | 168 88 |
| 9 | 175 00 | 8 75 | 166 25 | 200 00 | 10 00 | 190 00 |
| 10 | 194 44 | 9 72 | 184 72 | 222 22 | 11 11 | 211 11 |
| 11 | 213 88 | 10 69 | 203 19 | 244 44 | 12 22 | 232 22 |
| 12 | 233 33 | 11 67 | 221 66 | 266 66 | 13 33 | 253 33 |
| 13 | 252 77 | 12 64 | 240 13 | 288 88 | 14 44 | 274 44 |
| 14 | 272 22 | 13 61 | 258 61 | 311 11 | 15 56 | 295 55 |
| 15 | 291 66 | 14 58 | 277 08 | 333 33 | 16 67 | 316 66 |
| 16 | 311 11 | 15 56 | 295 55 | 355 55 | 17 77 | 337 78 |
| 17 | 330 55 | 16 53 | 314 02 | 377 77 | 18 88 | 358 89 |
| 18 | 350 00 | 17 50 | 332 50 | 400 00 | 20 00 | 380 00 |
| 19 | 369 44 | 18 47 | 350 97 | 422 22 | 21 11 | 401 11 |
| 20 | 388 88 | 19 44 | 369 44 | 444 44 | 22 22 | 422 22 |
| 21 | 408 33 | 20 42 | 387 91 | 466 66 | 23 33 | 443 33 |
| 22 | 427 77 | 21 39 | 406 38 | 488 88 | 24 44 | 464 44 |
| 23 | 447 22 | 22 36 | 424 86 | 511 11 | 25 55 | 485 56 |
| 24 | 466 66 | 23 33 | 443 33 | 533 33 | 26 66 | 506 67 |
| 25 | 486 11 | 24 31 | 461 80 | 555 55 | 27 77 | 527 78 |
| 26 | 505 55 | 25 28 | 480 27 | 577 77 | 28 88 | 548 89 |
| 27 | 525 00 | 26 25 | 498 75 | 600 00 | 30 00 | 570 00 |
| 28 | 544 44 | 27 22 | 517 22 | 622 22 | 31 11 | 591 11 |
| 29 | 563 88 | 28 19 | 535 69 | 644 44 | 32 22 | 612 22 |
| 30 | 583 33 | 29 17 | 554 16 | 666 66 | 33 33 | 633 33 |

# ANNEXE N° 4.

## OPPOSITIONS. SAISIES-ARRÊTS.

* Les saisies-arrêts ou oppositions sur les sommes dues par les communes et les établissements de bienfaisance doivent être formées entre les mains des receveurs municipaux ou hospitaliers, qui ont seuls qualité pour acquitter les dépenses; c'est à ces comptables qu'il appartient, en conséquence, de viser les exploits. Mais si l'opposition frappait les émoluments du receveur lui-même elle devrait alors être signifiée au Maire qui viserait l'original.

L'opposition doit contenir les noms, qualités et demeures du saisissant et du saisi, la somme pour laquelle la saisie est faite et la désignation de la créance saisie. Elle doit contenir, en outre, copie ou extrait du titre du saisissant ou de l'ordonnance du juge qui a autorisé la saisie; faute de quoi elles ne sont ni visées ni reçues et restent sans effet. L'opposition n'ayant d'effet que pour la somme pour laquelle elle est formée, les comptables doivent payer au créancier tout le surplus de la somme ordonnancée et non saisie. Les receveurs doivent délivrer, lorsqu'ils en sont requis par le saisissant, un certificat énonçant les sommes ordonnancées sur leur caisse et restées dues à la partie saisie.

Lorsque l'opposition porte sur un traitement ou une pension, le comptable retient la portion saisissable et il paye le surplus au titulaire de la créance. S'il y a plusieurs oppositions, les comptables n'ont pas à se préoccuper de l'ordre dans lequel les créances doivent être admises.

Les traitements payables sur les fonds des communes et des administrations charitables et passibles de retenues en vertu d'oppositions sont portés en dépense pour le brut, et il est fait recette du montant des retenues à un compte spécial ouvert à la deuxième section du livre des comptes divers; il est fait ensuite dépense, à ce compte, des versements que les comptables effectuent au receveur des finances pour le compte de la caisse des dépôts et consignations. Il convient, en outre, d'enregistrer les oppositions sur un carnet spécial.

Les traitements des instituteurs communaux, des employés des octrois, des cantonniers employés sur les routes et chemins vicinaux et rétribués par un traitement mensuel, des médecins et chirurgiens attachés aux hospices civils, des commissaires de police, des secrétaires et employés des mairies et des établissements de bienfaisance, sont saisissables jusqu'à concurrence d'un cinquième sur les premiers 1,000 francs et toutes les sommes au-dessous, du quart sur les 5,000 francs suivant, et du tiers sur la portion excédant 6,000 francs, à quelque somme qu'elle s'élève, et jusqu'à l'entier acquittement des créances.

Les remises des receveurs des communes et des établissements de bienfaisance sont également saisissables dans les proportions ci-dessus indiquées. Seulement, lorsqu'un même comptable est chargé du service de plusieurs communes et établissements de bienfaisance, la saisie-arrêt doit être faite sur chaque traitement en particulier, de sorte que la portion saisissable se calculerait non pas sur la masse des remises ou traitements mais sur chacun d'eux considéré isolément.

Le calcul de la portion saisissable doit se faire sur le traitement tout entier, sans déduction de la retenue qui peut être faite pour le service des pensions civiles ou pour fonds de retraites

Le tableau ci-joint présente tous les décomptes des retenues à exercer pour cause d'oppositions d'après la loi du 21 ventôse an IX.

# TABLEAU DES RETENUES

A EXERCER POUR CAUSE D'OPPOSITIONS D'APRÈS LA LOI DU 21 VENTÔSE AN IX.

Ces retenues sont faites dans les proportions suivantes :

1/5 Sur les premiers 1,000 francs.
1/4 Sur les 5,000 francs suivants.
1/3 Sur la portion excédant 6,000 francs.

NOTA. — Au-dessus de 6,000 francs la différence pour cent est de 2 fr. 777.

| TRAITEMENTS par an. | RETENUES par mois. | TRAITEMENTS par an. | RETENUES par mois. | TRAITEMENTS par an. | RETENUES par mois. | TRAITEMENTS par an. | RETENUES par mois. | TRAITEMENTS par an. | RETENUES par mois. |
|---|---|---|---|---|---|---|---|---|---|
| 100 | 1 65 | 3100 | 60 40 | 6100 | 123 60 | 9100 | 206 95 | 35000 | 926 40 |
| 200 | 3 35 | 3200 | 62 50 | 6200 | 126 40 | 9200 | 209 70 | 36000 | 954 15 |
| 300 | 5 00 | 3300 | 64 60 | 6300 | 129 15 | 9300 | 212 50 | 40000 | 1065 25 |
| 400 | 6 65 | 3400 | 66 65 | 6400 | 131 95 | 9400 | 215 25 | 45000 | 1204 15 |
| 500 | 8 35 | 3500 | 68 75 | 6500 | 134 75 | 9500 | 218 05 | 50000 | 1343 10 |
| 600 | 10 00 | 3600 | 70 85 | 6600 | 137 50 | 9600 | 220 85 | 54000 | 1454 18 |
| 700 | 11 65 | 3700 | 72 90 | 6700 | 140 30 | 9700 | 223 60 | 57000 | 1537 50 |
| 800 | 13 35 | 3800 | 75 00 | 6800 | 143 05 | 9800 | 226 40 | 60000 | 1620 85 |
| 900 | 15 00 | 3900 | 77 10 | 6900 | 145 85 | 9900 | 229 15 | 65000 | 1759 75 |
| 1000 | 16 65 | 4000 | 79 15 | 7000 | 148 60 | 10000 | 231 95 | 70000 | 1898 60 |
| 1100 | 18 75 | 4100 | 81 25 | 7100 | 151 40 | 11000 | 259 75 | 75000 | 2037 45 |
| 1200 | 20 85 | 4200 | 83 35 | 7200 | 154 15 | 12000 | 287 50 | 80000 | 2176 30 |
| 1300 | 22 90 | 4300 | 85 40 | 7300 | 156 95 | 13000 | 315 30 | 85000 | 2315 15 |
| 1400 | 25 00 | 4400 | 87 50 | 7400 | 159 75 | 14000 | 343 05 | 90000 | 2454 20 |
| 1500 | 27 10 | 4500 | 89 60 | 7500 | 162 50 | 15000 | 370 85 | 95000 | 2593 05 |
| 1600 | 29 15 | 4600 | 91 65 | 7600 | 165 30 | 16000 | 398 60 | 100000 | 2731 90 |
| 1700 | 31 25 | 4700 | 93 75 | 7700 | 168 05 | 17000 | 426 40 | | |
| 1800 | 33 35 | 4800 | 95 85 | 7800 | 170 85 | 18000 | 454 15 | | |
| 1900 | 35 40 | 4900 | 97 90 | 7900 | 173 60 | 19000 | 481 95 | | |
| 2000 | 37 50 | 5000 | 100 00 | 8000 | 176 40 | 20000 | 509 75 | | |
| 2100 | 39 60 | 5100 | 102 10 | 8100 | 179 15 | 21000 | 537 50 | | |
| 2200 | 41 65 | 5200 | 104 15 | 8200 | 181 95 | 22000 | 565 25 | | |
| 2300 | 43 75 | 5300 | 106 25 | 8300 | 184 70 | 23000 | 593 05 | | |
| 2400 | 45 85 | 5400 | 108 35 | 8400 | 187 50 | 24000 | 620 85 | | |
| 2500 | 47 90 | 5500 | 110 40 | 8500 | 190 25 | 25000 | 648 60 | | |
| 2600 | 50 00 | 5600 | 112 50 | 8600 | 193 05 | 26000 | 676 40 | | |
| 2700 | 52 10 | 5700 | 114 60 | 8700 | 195 85 | 27000 | 704 15 | | |
| 2800 | 54 15 | 5800 | 116 65 | 8800 | 198 60 | 28000 | 731 95 | | |
| 2900 | 56 25 | 5900 | 118 75 | 8900 | 201 40 | 29000 | 759 75 | | |
| 3000 | 58 35 | 6000 | 120 85 | 9000 | 204 15 | 30000 | 787 50 | | |

## RECTIFICATIONS.

Page 2, ligne 4, après ces mots : à la demande de ces impositions, *ajoutez :* actuellement ces impositions sont celles qu'il appartient au Gouvernement d'autoriser, d'après l'article 7 de la loi du 24 juillet 1867.

Page 2, ligne 27, après ces mots : mis en demeure de les voter, *ajoutez :* cet article est toujours applicable en dehors du cas prévu par l'article 2 de la loi du 24 juillet 1867.

Page 8, ligne 18, après ces mots : de l'acte de prestation de leur serment, *ajoutez :* avec mention dûment certifiée de l'enregistrement (Art. 1234).

Page 11, ligne 14, après (C. C. P. du 19 août 1864), *ajoutez :* voir le dernier paragraphe de la page 69

Page 11, dernière ligne, *ajoutez :* (Art. 661).

Page 25, au paragraphe *Prestations*, ligne 8, *supprimez :* les mots, *après apurement, le rôle lui-même* (Cir. Int. du 1er août 1874).

Page 29, à la suite du § 30, *ajoutez :* En cas de cessions ou échanges d'immeubles appartenant aux communes, le comptable doit s'assurer que toutes les formalités relatives à la purge des hypothèques et priviléges ont été rigoureusement accomplies (Voir pour la purge, pages 51 et 52).

Page 68, dernier alinéa, après, Extrait du cahier des charges faisant connaître, *ajoutez :* les conditions de payement, les dispositions, etc.......... (C. C. P. du 9 mars 1875).

Page 76, avant le dernier alinéa, *ajoutez :* les récépissés relatifs aux contingents communaux centralisés au compte des produits éventuels départementaux pour les *chemins de grande communication et d'intérêt commun*, sont passibles du timbre de 25 centimes s'il s'agit de contingents *facultatifs*, c'est-à-dire de souscriptions particulières des communes; mais dans le cas où les contingents sont *obligatoires* et rattachés dans un intérêt d'ordre et de comptabilité au budget départemental, afin de permettre au Conseil général d'apprécier dans leur ensemble les ressources du service, les récépissés délivrés pour ces contingents sont exempts de la formalité du timbre (C. C. P. du 6 mai 1874).

# TABLE ALPHABÉTIQUE ET ANALYTIQUE

## DES MATIÈRES.

### A.

## D.

## F.



## G.



## H.

## N.



## O.

## P.

## Q.



## R.

## S.

## T.



## U.

## V.



FIN DE LA TABLE.

www.ingramcontent.com/pod-product-compliance
Ingram Content Group UK Ltd.
Pitfield, Milton Keynes, MK11 3LW, UK
UKHW020307180726
13839UKWH00001B/402